POR QUE TODA MULHER PRECISA DE UM GAY EM SUA VIDA

Andrea Franco

POR QUE TODA MULHER PRECISA DE UM GAY EM SUA VIDA

MATRIX

Direitos em língua portuguesa para o Brasil:
Matrix Editora - Tel. (11) 3873-2062
atendimento@matrixeditora.com.br
www.matrixeditora.com.br

Capa:
Marcela Nascimento Meggiolaro

Diagramação:
Fernanda Kalckmann

Revisão:
Rafael Faber Fernandes
Adriana Parra

Dados Internacionais de Catalogação na Publicação (CIP)
SINDICATO NACIONAL DOS EDITORES DE LIVROS, RJ.

Franco, Andrea

Por que toda mulher precisa de um gay em sua vida / Andrea Franco. - São Paulo : Matrix, 2010.

Inclui bibliografia

1. Amizade. 2. Relações humanas. I. Título.

10-0491. CDD: 177.62
CDU: 177.63

Agradecimentos

Agradeço a estas pessoas maravilhosas que me fizeram perceber que a nobreza de sentimentos independe de opção sexual:

André Fischer, Allan Johan, Erik Galdino, Fábio Ferraz, Léo Ferreira, Paco Llistó, Rodrigo Caratto, Sérgio Ripardo, Sidnei Rodrigues, Tato Riccio, Theo Valadares, Thiago Lucas, Tony Goes, Valdeck Almeida e Vincenzo Gonzaga.

E... Aguinaldo Silva, Jean Wyllis e Walcyr Carrasco.

Aos profissionais que me fizeram entender as nuances de uma relação tão interessante:

Alberto Godin (psicanalista); Alexandre Saadeh (psiquiatra); Ana Bock (professora de Psicologia Social e Educacional – PUC-SP); Adriana Nunan (psicóloga); Ana Cristina Teixeira (psicóloga); Elder Cerqueira (psicólogo); Fabiana Tasca (psicóloga); João Batista Pedrosa (psicoterapeuta sexual); Júlio César Nascimento (psicanalista – PUC-SP); Luiz Gonzaga Pinto (educador sexual); Klecius Borges (psicólogo); Mara Pusch (psicóloga especializada em sexualidade humana); Marco Antônio De Tommaso (psicólogo e psicoterapeuta); Olga Watanabe (psicóloga); Patrícia Cardoso (sexóloga/psicóloga); Thays Babo (psicóloga).

E a estas mulheres que deram de ombros para o preconceito e, com seus amigos gays, traduzem o real conceito de “ser amiga”:

Adriana Cubas (amiga do Paco); Aline Vitória (amiga do Valdeck); Ana Manssour; Carolina Cecchi (amiga do Tony); Carolina Cunha (amiga do Theo); Cláudia Giane Macedo; Gabriela Carvalho (amiga do Thiago Lucas); Giane Gottardi (amiga do Allan Johan); Gisele Ramos; Maria Elisa Pimenta (amiga do Vincenzo); Patrícia Santarém (amiga do Tato Riccio).

Introdução

Por que toda mulher precisa de um gay em sua vida?

Já posso até prever: as feministas vão odiar, pois podem dizer que o livro mostra mulheres que sempre precisam de um homem para se sentir completas ou para ensiná-las a ser mais mulher. Aquelas (ou aqueles) que irão aludir a clichês, me perdoem, mas, em muitos momentos, é difícil fugir desse caminho... Eu percebi que todas aquelas coisas que são relacionadas aos gays – como "o homem gay entende a complexidade da alma feminina, seus desejos e anseios, suas fantasias e sonhos", como disse um dos entrevistados – têm a sua verdade, sim, porque as mulheres entrevistadas e os próprios rapazes corroboraram aquilo que para muitos é um mito, um lugar-comum, um estereótipo.

A princípio, pode parecer estranho, afinal, o que uma mulher pode esperar de um homem gay? Mas, quando nos lembramos de uma relação tão intensa e por isso mesmo tão interessante, não demora muito e aquela criatura tão especial surge em nossa mente: o amigo gay!

"Não pode haver amizade entre homem e mulher. Pode haver paixão, hostilidade, adoração, amor, mas não amizade." Se o escritor e poeta inglês Oscar Wilde, autor dessa frase, pudesse ver o batalhão de mulheres que não abrem mão de uma amizade pra lá de especial, ele mudaria de opinião no ato!

A amizade entre mulheres heterossexuais e homens gays sempre foi bem-vinda e gera muitos benefícios. Eles geralmente são pessoas descoladas, de bem com a vida e ótimos para oferecer um ombro amigo.

E os motivos para fazer dos homossexuais os melhores amigos das mulheres não são poucos: fiéis, cultos, alegres, cúmplices, confidentes, educados, um alto-astral fora de série. Quer mais? Gostam de ouvir, são dotados de um bom gosto impressionante, comem bem, se vestem bem, têm amigos interessantes, conhecem os melhores lugares para viajar, entendem muito de moda, beleza e ainda servem de conselheiros sentimentais – nesse quesito, então, são especialistas!

Ter amigo gay é moda, é chique, é *fashion*. A questão não é amar de paixão os gays e sim amar gente de bem. Você vai amar um gay se ele for mau caráter? Eu vou amar se ele for honesto, íntegro. E tenho amigos assim, que por acaso são homossexuais.

O fato é que as pessoas que conseguem levar na boa essas amizades são bem resolvidas, tanto com a questão da sexualidade quanto com a questão dos relacionamentos humanos e – por que não dizer? – com a própria vida.

E a verdade é que amei a oportunidade de desmistificar o fato de os homossexuais serem considerados pessoas promíscuas, escandalosas, pervertidas. Descobri que além de serem pessoas cultas que pensam e produzem, são dotadas de sentimentos nobres.

Outra oportunidade é a de esclarecer uma confusão que há na cabeça da maioria das pessoas: de que o gay é mulher. Tanto que eles são motivo de chacota por parte de uma grande parcela da sociedade heteronormativa e heterossexista. Haja vista os termos "boneca", "purpurina", "bicha alegre" e "florzinha", entre outros. Tratar o homossexual como mulher é algo completamente equivocado, pois o gay não deixa de ser homem, de ser masculino, por causa de sua orientação sexual. Ele pode muito bem preferir esportes a moda. Só porque ele gosta de homem tem que gostar de rosa também? Não precisa ser afeminado para ser gay! E, aliás, muitos são mais homens (no sentido de hombridade) do que muitos heterossexuais!

E como diz a escritora Paula Taitelbaum: "Amizade de verdade é assim, a gente ama sem saber que é amor. E os amigos são os roteiristas que nos ajudam a escrever nossa história de vida!".

Capítulo 1

Amigo gay: toda mulher precisa ter um!

O termo "gay", de origem britânica, já existia no português antigo com o mesmo significado atual: "alegre" (de gaiato), muito embora, segundo os próprios homossexuais, eles nem sempre têm motivos para serem chamados de "alegres", tantas são as amarguras que enfrentam numa sociedade heterossexista.

Do latim *amicus*, amizade é uma relação afetiva, a princípio sem características romântico-sexuais, entre duas pessoas. Em sentido amplo, é um relacionamento humano que envolve o conhecimento mútuo e a afeição, além de lealdade a ponto do altruísmo.

Segundo o dicionário *Aurélio*, amizade é um sentimento fiel de afeição, estima ou ternura entre pessoas que em geral não são parentes nem amantes.

A amizade pode ter como origem um instinto de sobrevivência da espécie, com a necessidade de proteger e ser protegido por outros seres. Alguns amigos denominam-se "melhores amigos". Os melhores amigos muitas vezes se conhecem mais que os próprios familiares e cônjuges, funcionando como **confidentes**. Para atingir esse grau de amizade, muita confiança e fidelidade são depositadas.

Geralmente os interesses dos amigos são parecidos e há um senso de cooperação ao compartilhar momentos juntos. Sendo assim, reza a lenda que toda mulher moderna deve ter um pretinho básico e um amigo gay, o tipo do "acessório" que não pode faltar! Você tem um amigo gay? Não? Pois não sabe o que está perdendo!

Ele é quase o homem que toda mulher gostaria de ter: é companheiro, topa qualquer programa – almoço em família, inclusive –, gosta de discutir a relação – a sua e a dos outros –, é sincero e sensível. E por que não é perfeito? Porque sexo – com você, amiga – não faz parte dos interesses dele. Sendo assim, ele não pode ser "o cara", o homem ideal. Mas pode ser o amigo ideal. Eles são divertidos, bem informados, alegram nossas vidas e estão sempre dispostos a tudo, a qualquer hora. Quando são amigos de verdade, você pode contar com eles para qualquer coisa.

Ele entende suas reclamações sobre o cabelo, complexos e namorado, simplesmente porque ele também passa pelos mesmos problemas. Ouve com atenção as queixas femininas e ainda topa ir ao shopping depois. E alguma mulher duvida de que o amigo gay é excelente companhia para olhar vitrines? Ele é capaz de acompanhar você nas compras sem falar "ai, que demora", "tô cansado", "outra roupa?". Pelo contrário: além da incrível disposição de andar de uma loja para outra sem reclamar de dor no pé (já que ele não usa salto alto), ainda opina sobre o que você pretende comprar: "dessa eu não gostei", "ficou linda!". Um namorado ou marido, entediado, falaria: "gostei de todas" ou "você é quem sabe"!

E sem falar na companhia para as festas mais animadas. Um amigo gay também é ótimo para quem está precisando dar uma levantada no astral, pois, geralmente, eles são bem-humorados e têm o poder de encarar a vida de peito aberto, pelo simples fato de terem se aceitado e não deverem nada para ninguém.

Quando o assunto é sexo, então, eles são mestres. Em questões de paquera, dão as melhores dicas. E podem dar uns conselhos sobre aquela briguinha com o namorado ou marido, pois, apesar de terem uma alma feminina, eles não deixaram de ser homens. No caso das solteiras, o amigo gay pode fingir ser um namorado quando aquele cara chato que cismou com você não se toca!

Enfim, o amigo gay é aquela pessoa que está disposta a ajudar, em quem se pode confiar e, principalmente, com quem se pode estar junto em todos os momentos. E é por isso que muitas mulheres não vivem sem seus amigos gays!

A ex-*spice girl* Victoria Beckham, ao afirmar "tenho um gay dentro de mim", admitiu que se identifica mais com homens homossexuais do que com homens e mulheres heterossexuais para ter amizade. "Eu gosto de mulheres como amigas, mas eu amo mesmo os gays, sempre digo isso. Há um homem gay dentro de mim", completou a cantora.

E o que dizer de Madonna? Que a *material girl* é a diva, musa e inspiração de muitos gays todo mundo já sabe. As pessoas associam a imagem de Madonna aos gays, o que é compreensível, porque ela representa a liberdade de expressão e de sexualidade. Considerada por muitos como "um ícone para aqueles que lutam pelo respeito à diversidade sexual", a loira chegou a dizer: "Quando eu era adolescente, me sentia um ET, uma *outsider*. E, de repente, quando fui a um clube gay, não me senti mais assim. Senti-me em casa".

Os gays se identificam com a figura de uma mulher forte. E Madonna colocou a liberdade de expressão como tema de *singles* desde o início de sua carreira. Mas foi com a música *Vogue* – que buscou referência nas noites *bas-fonds* de Nova York – que ela conquistou em cheio o público gay em meados dos anos 1990. Muitos acreditam que foi uma fase que teve seu lado positivo e que ela ajudou vários gays a lidarem com sua sexualidade e seus sentimentos. Daí o motivo para a cantora se transformar em "ícone gay". Em entrevista a um programa de TV em Londres, Madonna falou um pouco sobre essa empatia: "Talvez eu seja um gay preso no corpo de uma mulher. Eles não tiveram nenhum problema com meu livro *Sex*".

Já a atriz Sarah Jessica Parker, da série *Sex and the city*, declarou que a maioria de seus amigos é gay. Questionada sobre por que os gays gostam tanto da série, a eterna Carrie aproveitou a oportunidade para fazer uma avaliação da relação que os gays desenvolvem com as mulheres: "A relação de uma mulher com seus amigos gays é tão profunda quanto a amizade com outras mulheres. Às vezes até mais, já que quase nunca entre uma mulher e um gay há a competição por outro homem. Eles têm o dom de fazer uma mulher se sentir uma dama nos piores momentos". A atriz explicou ainda que "o diálogo franco e bem-humorado, somado à busca por um amor verdadeiro, com ótimo sexo e roupas incríveis, têm a ver com o estilo de vida dos gays".

Polêmica em tudo o que faz e diz, a escritora e apresentadora Fernanda Young, em entrevista a uma revista, falou de sua admiração pelos homossexuais. Ao ser perguntada se tinha muitos fãs gays, a escritora soltou um "graças a Deus" e disse que os admira demais. Quando era mais nova, Fernanda, com poucos recursos financeiros e afetivos, teve a ajuda de homens gays que foram fundamentais para ela. A escritora considera-os paternais e maternais na mesma essência. E ainda disse que gostaria de ter sido gay, mas que não conseguiu.

E quem diria: essa temática já chegou até ao universo infanto-juvenil. A revista *Tina* surpreendeu quando trouxe, na capa, o primeiro personagem aparentemente gay das histórias de Mauricio de Sousa. O melhor amigo de Tina, chamado Caio, confirma ter um compromisso, indicando outro rapaz. Para defender o amigo, Tina discursa contra preconceito em geral.

A história é mais ou menos assim: Tina marca um encontro com um amigo misterioso e o namorado dela fica morrendo de ciúmes. No final, ela apresenta Caio para o namorado e dá um discurso sobre como é comum haver amizade sem segundas intenções entre homens e mulheres. Caio arremata dizendo que é comprometido e dá a entender que é com um rapaz que está presente.

A assessoria de Mauricio de Sousa considera que é a primeira vez que o assunto é abordado nas histórias, cumprindo promessa do autor de discutir questões ligadas ao universo adolescente, "de forma tranquila e sem levantar bandeiras".

E na revista *Turma da Mônica Jovem*, a personagem Denise utiliza-se de várias gírias adotadas pelos gays. O próprio Mauricio de Sousa afirmou que Denise poderia ter um amigo gay e assimilado o vocabulário dele.

Afinal, por que toda mulher deve ter um amigo gay?

- Ele te dá conselhos diretos, do tipo "doa a quem doer", e mesmo assim não deixa de ser sensível – e, se é seu amigo, é para sempre!

- Ele entende como ninguém o seu coração partido.

- Você nunca vai se divertir tanto com alguém: não tem par melhor para dançar. Ele te faz rodopiar como se você fosse uma dançarina de primeira.

Cláudia, psicopedagoga, 32 anos, adora sair para dançar, mas mulheres sozinhas numa boate hétero viram alvo de cafajestes e, segundo ela, eles acham que elas estão a fim de programa. Ao conhecer Caio, seu colega de trabalho, descobriu um outro mundo. "Os clubes gays tocam as melhores músicas – disco, tecno, muita Madonna. E eles dançam superbem." E, por falar em Madonna, a cantora só aconteceu depois que seu amigo e professor de dança Christopher Flynn a levou às *discos* gays dos anos 1970.

- Você pode sair para jantar com ele, como "casal", sem aquele clima de quando você vai jantar com uma amiga e o garçom – e todo o restaurante – te olha torto.

- Sexo. Ele sabe muito bem do que um homem gosta e pode te dar vários "toques". Você vai ter alguém com quem falar sobre sexo com uma desenvoltura de dar inveja e sem frescuras. As dicas que ele vai te dar são do ponto de vista masculino, então, pode acreditar que funcionam. **Eles têm pós-graduação e doutorado em homens** – se você conversar sobre homens com seu amigo gay ele saberá de tudo, até mais do que suas amigas mais sábias.

- Ele vai te dar uma opinião realmente sincera sobre qualquer coisa, inclusive aquela roupa que está ridícula e ninguém fala. Uma das entrevistadas revelou que um amigo comenta até sobre suas calcinhas! E tem mais: se ele for ajudar a escolher a roupa para sair, tenha certeza de que será bem ousada. Eles gostam de sair com "monas" (mulheres) que chamem atenção.

- Ele sabe te colocar pra cima num instante.

- Você engordou dois quilos e está arrasada. Seu amigo gay te convence de que você está muito melhor. Antes, você estava seca. Agora, ficou gostosa.

- Mesmo você não conhecendo tanto de moda como ele, sua opinião sempre é levada em consideração, afinal, você tem bom gosto e deve ser consultada.

- Aliás, seu amigo é o único homem que pode analisar milimetricamente seu corpo sem que você se sinta constrangida.

- Ele te elogia sempre, independentemente dos motivos:

Se você pintou o cabelo, ficou lindo.

Se fez mechas, rejuvenesceu seu rosto.

Se alisou, seu cabelo nunca foi tão natural.

- Você tem um homem que adora fazer programas de mulher com você.

- Com ele é festa toda hora, mesmo que estejam só vocês dois.

- Ele sabe rapidinho quando o cara é gay e, assim, você não perde tempo paquerando alguém com quem não existe a menor chance.

- Ele te informa de todos os "babados" ou *"bafons"* do mundo gay, inclusive o fato de que aquele sujeito que você jura que é hétero dá uns pulinhos por lá.

- Olhar "biônico" para homens – quando se está com um amigo gay, ele detecta a quilômetros de distância os "mais, mais" ou aquele "bofe escândalo" (homem interessante), fica de olho em quem ele poderá estar interessado e já te dá a coordenada se você estiver na mira ou fala logo se não é para você. O radar deles é incomparável. E te cutucam. Aliás, é o amigo gay a pessoa perfeita para te livrar de muitos chatos de plantão na balada. Se o homem estiver tentando seduzir uma mulher, o gay não fica chateado e avisa a amiga. Com essa informação, é mais certeiro saber como agir. E é nessa hora que o amigo gay pode dizer: **"Acredita no bate-cabelo!"**.

- Um amigo gay é como ter um *alter ego*.

Não que as amigas mulheres não nos compreendam, mas um melhor amigo gay é tudo de bom! Só ele tem aquela "sinceridade escândalo" e diz na cara, sem medo de magoar e sem te enganar, que aquela blusa laranja não combina com a sandália azul. Sair com amigas é muito divertido, mas a relação mulher/gay pode ser mais enriquecedora e render muitas descobertas interessantes. Veja as maravilhas desse tipo de amizade:

1 – **Ele não vai querer ir para a cama com você.** Algumas mulheres pensavam que tinham um amigo verdadeiro e, de repente, ele quis ir para a cama com elas. Um amigo gay é garantia de uma companhia agradável e desinteressada, afinal, seus atributos físicos não lhe interessam. Ele não tem nenhum outro interesse em você além da amizade. Muitas mulheres reclamam de que os homens heterossexuais são interesseiros, só querem levar para a cama.

2 – **Diversão.** Eles apresentam os *points* gays. Quando você se cansa da mesmice da noite é só ir para uma balada gay com ele sem pretensão nenhuma (obviamente) que é diversão garantida. E pode ir se preparando para dar muita gargalhada, já que eles adoram contar suas aventuras. Os homossexuais gostam da companhia feminina. E dão a maior força quando a amiga se interessa por alguém. Eles costumam até se oferecer para ir falar com o cara. E devem ter um papo bom, pois muitas garotas se dão bem quando eles resolvem ajudar.

Sara estava numa festa com Daniel, seu amigo gay, quando se aproximou dela um cara todo arrumadinho e perguntou: "Você é convidada de quem?". Daniel estendeu a mão, disse seu nome e respondeu: "Somos convidados do presunto". No momento em que Sara conseguiu parar de rir, ele explicou que desde pequeno sabia que era diferente. Não seria campeão de judô, como seu irmão mais velho; nem uma linda bailarina, como a irmã. Então, resolveu ganhar a atenção dos pais sendo o rei das imitações e fazendo todo mundo rir. Carlos, o namorado dele, concordou: "Estamos sempre alertas. Somos mais rápidos em nossos comentários. Passar a vida assistindo a jogos de futebol e bebendo cerveja acaba com os neurônios de qualquer um".

Tudo muito bom, porém, os aspectos positivos desse tipo de amizade podem esconder outra situação. Andar só com gays pode ser uma barreira para quem quer arrumar um namorado. O ambiente e os papos GLS costumam ser desfavoráveis a uma paquera hétero. Você acaba se acostumando a sair na noite gay, o que é muito divertido, mas é nulo para engatar um relacionamento hétero. Diante disso, algumas resolvem dar um tempo das baladas GLS.

Realmente, em boates gays é difícil encontrar um homem heterossexual disponível. Caso ele exista, sempre vai surgir aquela dúvida: "Será hétero mesmo? E aquela dancinha que ele fez com o cara sem camisa agora há pouco?". E tem mais: homem hétero, em geral, morre de medo de gay. É raro ver um cara paquerar uma mulher que esteja rodeada deles. Em geral acontece assim: algumas mulheres relatam que o cara pode até estar interessado nelas, mas ele tem medo de ficar olhando porque pode parecer que está paquerando um dos gays da mesa.

3 – **Não há disputa pelo mesmo homem.** Vamos admitir: muitas vezes, o mercado não é dos melhores. É raro encontrar um parceiro que esteja à altura das exigências da mulher moderna. E essa mulher independente, dizem, assusta muito os homens. Por isso, concorrência não é bem-vinda. Um amigo homossexual não vai querer ficar com o mesmo cara em que você está interessada. Mesmo gostando do mesmo "produto", não rivaliza com você. Não tem briga por causa de homem ou disputa de beleza.

4 – **Abaixo o racionalismo masculino.** É quase impossível conseguir conversar sobre assuntos abstratos com a maioria dos homens. Arrancar frases que expressem sentimentos é, de fato, uma tarefa árdua. Um homem gay não se esconde atrás do racionalismo. Normalmente, compreende melhor o universo da alma. Quer dizer, a conversa pode ser muito mais profunda, e os conselhos, muito melhores. Acreditem, garotas!

5 – **Conversa relaxada.** Nada de censura ou preconceitos. Com os gays, as mulheres ficam mais à vontade e não se importam de dizer o que lhes passa pela cabeça sobre os homens.

Exemplo: uma mulher dormiu com seu ex novamente. Ou

ficou tão bêbada que acordou na casa de um total idiota. Não importa o que aconteceu. O fato é que está se sentindo suja e vulgar. Conte para uma amiga se quiser ouvir: "Que horror! Como foi capaz de fazer isso?". Conte para um amigo heterossexual se quiser ouvir: "Nossa! Dessa vez foi forte!" – e pode estar certa de que caiu no conceito dele. Agora, se você quer alguém para rir muito da sua desventura, conte ao seu amigo gay.

Se sua vida amorosa vai na direção contrária à que espera a sociedade, você passa a ter mais senso de humor do que as outras pessoas. A vida sexual dos gays é tão criticada que eles têm empatia com o tema. Pelo fato de já terem feito tantas loucuras, eles **escutam e jamais julgam!**

6 – **Eles sabem de tudo um pouco e estão sempre antenados.** É muito difícil encontrar um gay mal informado. Eles geralmente estão sempre atualizados. Você terá, com certeza, bons assuntos para conversar, tais como: moda, política, economia, além de saber a respeito do homem com quem ele esteve à noite, as maluquices que já fez etc.

O namorado de Marta gosta de ouvir as bandas mais descoladas, mas quando ela e seu vizinho Ricardo se encontram, a seleção musical é bem outra. Eles adoram Madonna, Village People, Aretha Franklin, Gloria Gaynor... Marta e seu amigo gay fazem duetos maravilhosos. Enquanto na sua adolescência os outros rapazes queriam tocar numa banda de rock pauleira, Ricardo sonhava ser a Donna Summer! O amigo de Marta conhece tudo sobre a cantora americana e não tem o menor problema em soltar a voz.

...E adoram falar!

A artista plástica Lílian diz que os gays são comunicativos, e, se você perguntar a um deles como foi o dia, jamais escutará de volta um "normal". Ele sabe que não é a simples informação que interessa, mas uma boa conversa. Por isso, Lílian adora passar na livraria em que seu amigo Juliano trabalha para saber como ele está, e certa vez o amigo relatou em segundos: "Minha chefe anda me enlouquecendo. O marido dela saiu de casa e foi morar com a professora de ioga. O filho, que, aliás, está cada dia mais gostoso, anda completamente pirado, tomando todas. Outro dia, chegou aqui acabado. Tive que levar o moleque em casa. Mas não é por isso que a poderosa vai descontar em mim!".

7 – **São animadíssimos para qualquer programa.** É difícil encontrar um homem heterossexual que goste de ir a determinados lugares. Além disso, qual a mulher que consegue disputar com o futebol de domingo ou com o tradicional *happy hour* com os amigos?

...E adoram fazer compras

Quando Rosana sai para comprar um vestido com seu namorado, eles entram e saem da loja em dois minutos. Se não se decidir nesse tempo, paciência. Lá se foi sua chance. Mas com Robson, seu colega da academia, experimenta um monte de modelos enquanto ele sugere composições e vai dando nota. Depois, passam para o setor de cosméticos, usando tudo o que oferecem para provar. Agora, o melhor da história é ter certeza de que seu amigo gay vai dizer, com toda a sinceridade, se seu bumbum ficou enorme nesse ou naquele modelito.

8 – **Se estiver acompanhada de um amigo gay, não vão pensar que você está disponível.**

À primeira vista, parece uma desvantagem, mas está longe disso! É importante lembrar que, além de todas as sete vantagens já listadas, existe uma que denuncia explicitamente o machismo: sair com as amigas ou sozinha, para alguns homens, significa andar à caça. O que não corresponde à verdade, pelo menos na maior parte dos casos.

Sorte das mulheres haver amigos gays mais disponíveis que os homens heterossexuais e que impedem a visão de que são solteironas sem remédio. De fato, as mulheres ainda são muito discriminadas na sociedade heterossexual. Existem certas características masculinas escondidas atrás do machismo que só um homem gay pode mostrar.

...E continuam sendo homens

Elaine, uma *videomaker,* adora sair com amigos gays quando está sem namorado. Para ela, às vezes, sair com outras mulheres é uma penosa lembrança de que não tem um par, mas jantar fora com seu amigo homossexual faz com que se sinta querida. Ele elogia seu cabelo, repara que perdeu peso ou comenta que com esse decote você fica gostosíssima. "Tudo bem que a noite não vai acabar em sexo, mas vou me divertir muito!"

Na balada gay

Em São Paulo, as casas Glória e Sonique são conhecidas pela frequência GLS. Beijar não é prioridade, mas também acontece! Em matéria publicada em uma revista feminina, foi perguntado a garotas heterossexuais o porquê de estarem ali.

"Aqui eu posso me vestir do jeito que eu quero. Posso ser quem eu quiser, sem estereótipos. Posso dançar do jeito que eu quero também. É mais liberdade em todos os sentidos. Mas tem o seu preço: estou sem namorado. Tenho cem amigos gays, um amigo hétero e nenhum namorado", diz a vendedora de galeria de arte Marie, de 31 anos.

A opinião do amigo gay: "Ir a baladas com amigas héteros é bom porque temos algo em comum: gostamos de homem. Elas são divertidas", diz Christopher, 24 anos, designer de joias.

"Todo mês promovo a festa 'Vai!', no Glória, cujo público-alvo é GLS. Em lugares héteros, se você dança mais solta, já acham que está 'facinha'. Já os homens héteros que vão a baladas gays sabem chegar. E muitos héteros vão a esses locais porque sabem que toda 'biba' tem uma amiga que vai junto. Tenho uma amiga que conheceu o marido na 'Vai!'", conta Paula Reboredo, 30 anos, empresária.

"Todos os meus amigos são gays. Eles são próximos das mulheres, mas pensam como homens – isso é ótimo. Nessas baladas, eu me sinto entre amigos de verdade. Nas baladas héteros, há sempre alguém chegando", diz Marcela, 32, artista plástica.

"Comecei a ir a baladas GLS em Toronto, no Canadá, onde fui estudar inglês. Me senti à vontade e muito respeitada. Aqui, gosto das casas Bubu Lounge Disco, A Lôca, The Week e da festa Gambiarra. A Bubu é a melhor: sempre tem héteros. Mas tem uns que ficam com meninas e dizem que são gays, vai saber..." – Camila, 26 anos, assistente de perito judicial.

"A música é sempre melhor. Quando é ruim, é de propósito, como hoje, que tocou lambada. Todo mundo sabe que é piada. Há senso de humor", afirma Lorena, 29, produtora de conteúdo.

"Gosto de locais GLS porque ninguém chega em mim. Vou para A Lôca, Torre, Glória, Vegas. Na The Week, sinto que mulheres não são tão bem-vindas. Lá é um local mais de caça para os gays" (Giovana, 20, repórter).

"Vou a baladas héteros para ouvir música brasileira ou *hip hop*; nas gays, toca mais eletrônica. Na balada hétero, as pessoas bebem mais e dão mais atenção à música. Já na gay, há mais liberdade" (Maihara, 21 anos, estilista).

Algumas garotas contam que, em balada hétero, o pessoal "chega chegando". Na noite gay, as pessoas geralmente são mais cuidadosas.

Quero um amigo gay!

Quer ver como esse desejo (ou seria obsessão?) de ter um amigo gay é levado a sério por muitas mulheres?

Você pode não acreditar, mas a empresária Érica C., de 39 anos, que utiliza o *alter ego* "Ludmila", criou um blog chamado "Quero um Amigo Gay", que tem como *slogan* "Héteros são bem-vindos, mas os gays têm preferência". Ela explica que esse veículo foi a maneira que encontrou para procurar por esse novo amigo. Segundo a empresária, ele deve estar em algum lugar deste mundo e não sabe que ela está à sua procura. Ela já teve um amigo gay, o Gegê (Genilson), "uma pessoa extraordinária", com o qual ela perdeu o contato há muitos anos. Gegê era lindo, simpático, extravagante e muito gente boa. Érica sente muito sua falta... O blog, então, nasceu de uma grande saudade.

O amigo gay dos seus sonhos tem mais de 30 anos, é *fashion* e não tem medo de arriscar no figurino. Não tem cor, credo ou raça. Tem humor refinado e sarcástico.

Numa conversa com um amigo heterossexual, este perguntou: "Por que você fez esse blog?".

Ela: "Porque quero um amigo gay".

Ele: "Mas para que você quer um amigo gay?".

Ela: "Ué, não é 'para quê', é 'por quê', e a resposta você pode ler no blog".

Segundo Érica, algumas pessoas não entendem os seus motivos. E ela pergunta: "Mas por que haveria de ter uma razão específica para eu querer um novo amigo?". Ela tem esse desejo porque gosta de interagir, conhecer, rir, chorar, trocar experiências. Érica não duvida de que alguns pensem em perversão e sacanagem, mas, em sua opinião, há poucas coisas mais belas no mundo do que uma amizade sincera. E é isso o que ela busca e sabe que encontrará em um amigo gay.

Estes são os motivos pelos quais Érica quer um amigo gay:

- Eles não são nada moralistas, característica que ela acha importante, pois atrás de cada moralista existe um ser nefasto, que julga os outros por suas próprias atitudes.

- Eles conseguem rir de si mesmos, o que, para ela ,demonstra segurança e equilíbrio.

- Os gays não se deprimem (ela diz que nunca viu um gay deprimido – claro que choram e se descabelam, mas não dura muito). Ela não sabe se eles se escondem para chorar ou se não choram porque sabem que o que não se pode resolver, resolvido está.

- São inteligentes (independentemente da classe social) e, até por conta de viverem em uma sociedade que nem sempre os aceita, têm uma visão mais aberta do mundo.

- A maioria fala "na lata" o que os incomoda.
- Elegantes, têm senso estético diferenciado e não temem ousar no visual.
- Eles tornam o mundo mais colorido, mais plural.

E, como não poderia deixar de ser, esse é um fenômeno que já marca grande presença nas comunidades do Orkut. Existem mais de mil comunidades que são espaços comandados por mulheres que amam, respeitam, defendem e apoiam seus amigos gays, não abrem mão dessa relação, sentem muito orgulho e, assim, dão um pontapé na homofobia e no preconceito.

Entre essas comunidades são exemplos: "Eu quero um amigo gay" (com 14.695 membros), "Meu amigo gay é tudo!" (4.229 membros), "Amo meu amigo gay" (3.392 membros), "Eu tenho um amigo gay" (3.014 membros), "Admiro e respeito meu amigo gay" (2.250 membros), "Amigo gay é o que há!", "Meu amigo é gay, e daí?"(1.826 membros), "Todo mundo tem um amigo gay", "Meu melhor amigo é gay", "Toda mulher poderosa tem um amigo gay", Por trás de toda mulher existe um amigo gay!".

Capítulo 2

A afinidade entre mulheres heterossexuais e homens gays

Muito mais do que "monas" e "bibas"

A amizade é uma das relações interpessoais mais comuns que a maioria dos seres humanos tem na vida. Carl Rogers (psicopedagogo e pensador americano, precursor da psicologia humanista) diz que a amizade "é a aceitação de cada um como realmente é".

A amizade é considerada pela religião e pela cultura popular uma experiência humana de vital importância. Prova disso são as relações de amizade amplamente retratadas pelo cinema, literatura e televisão, como *Os três mosqueteiros*, *O gordo e o magro*, *Os três patetas* e a série de grande sucesso *Friends*, entre outros.

E o que devemos esperar como sendo componente de uma amizade ideal? Embora muitas vezes na prática alguns ou muitos destes itens não estejam presentes na relação de amizade, vale a pena conferir:

- a tendência de desejar o melhor ao próximo;
- simpatia e empatia;

- honestidade;

- a amizade leva a um sentido de altruísmo, a ponto de colocarmos os interesses do outro à frente dos nossos. Amizade resume-se em lealdade, confiança e amor fraterno;

- faz parte da amizade não exacerbar os defeitos do outro e dividir os bons e maus momentos;

- os amigos devem evitar sufocar o outro para que haja respeito aos direitos deste. Evitam também sufocá-los com exigências, para que não haja risco de perdê-los;

- os amigos se sentem atraídos pelos outros por aquilo que eles são e não pelo que possuem;

- as verdadeiras amizades tudo suportam, tudo esperam, tudo creem e tudo perdoam, pelo simples fato de existir entre eles o verdadeiro amor, também conhecido como amor *phileo* (amor de amigos).

Amizade entre sexos diferentes

Na maioria das culturas, considera-se normal que os amigos sejam prioritariamente do mesmo sexo, embora essa concepção tenha mudado bastante na sociedade ocidental do século XX. Ainda assim, a amizade entre pessoas heterossexuais de sexos diferentes ainda é muitas vezes vista com a desconfiança de que não seria nada mais que um relacionamento com motivações sexuais, porém disfarçado.

No Brasil, frases preconceituosas do tipo "amigo de mulher é veado" são muito encontradas na cultura popular, ditas frequentemente por namorados ciumentos. Não existe, para a maioria das culturas, qualquer problema, erro ou desvio na amizade entre sexos diferentes, no entanto, podemos notar que sempre há preconceito quando de uma amizade dessa natureza.

E o que dizer da amizade entre mulheres heterossexuais e homens gays? Como nasce essa amizade? Ela é baseada em quê?

A linguagem igual pode ser a explicação? Especialistas apontam algumas características que fazem a amizade entre mulheres heterossexuais e homens gays ser tão comum. Um dos fatores mais importantes é a linguagem entre os dois, que tende a ser acessível. A comunicação entre homens heterossexuais e mulheres é diferente. O primeiro é mais concreto, enquanto a mulher é mais subjetiva. A linguagem do homossexual é mais abrangente e se torna um fator de união entre ele e as mulheres. Com os dois usando a mesma forma de expressão, a comunicação se torna um elo muito forte entre eles. O relacionamento entre os dois pode também ser descrito como um "enamoramento". É quase um namoro, diante do cuidado que existe nessa amizade. Em suma, **o homem gay pode ser um grande companheiro para a mulher**.

É uma amizade que costuma nascer naturalmente, fruto de afinidades e de sentimentos de confiança mútua. Para os homens gays, essa amizade costuma ser menos ameaçadora, já que não há uma tensão sexual nem as pressões que normalmente acontecem na relação delas com homens heterossexuais.

Baseada em interesses em comum entre as pessoas, para alguns especialistas esse tipo de amizade nasce pela identificação de papéis, ou seja, pela identificação social. O "desempenho do papel feminino", as expectativas e desventuras, a troca de confidências e de experiências, tudo isso reforça a identificação entre as mulheres e seus amigos homossexuais. Uma identificação que geralmente vem da afinidade que homens gays têm com o universo feminino. Como explica o psicólogo Klecius Borges, esse universo costuma conter elementos da psicologia feminina com a qual boa parte dos gays se identifica em algum grau.

Se a amizade for realmente verdadeira, independe se ocorre entre heterossexuais ou não. A amizade sincera sempre proporciona a troca e o crescimento compartilhado. Nesse caso, o aspecto da identificação é que vai reforçar a relação. Por exemplo, se a mulher tem um amigo homossexual de grande sensibilidade, este será solidário em momentos cruciais de sua vida, principalmente em situações de término de relacionamentos, dicas para conquista de parceiro, momentos de depressão, dicas para variar o "cardápio erótico", dicas de beleza etc. Na visão da sexóloga Patrícia Cardoso, um amigo gay "será um verdadeiro aliado em sua vida".

Essa amizade nasce como qualquer outra, ou seja, baseada em elementos de proximidade que geram intimidade e sentimento de compartilhamento. Desde os tempos de Aristóteles, a literatura tenta explicar o nascimento da amizade, e muitos escritores concordam que a amizade depende da capacidade de compartilhar e de entender o outro.

Estudos revelam que o melhor amigo de um homem gay é outro homem gay, mas quando se trata de diferentes orientações sexuais, **a mulher heterossexual aparece como melhor amiga**.

Algumas teorias psicológicas acreditam na hipótese da identificação, mas alguns estudos mostram que é muito mais uma questão de experiência de socialização pela qual os gays passaram ao longo da vida. **É importante lembrar que ser gay nem sempre significa uma identificação com o "feminino"**. Identidade de gênero e orientação sexual são conceitos diferentes, apesar de ter alguma relação para algumas pessoas.

Segundo o psicólogo Elder Cerqueira, carregamos uma forte influência da explicação psicanalítica sobre orientação sexual, o que faz com que os leigos confundam o processo de formação da identidade sexual com as questões de gênero. Assim, é tentador pensar que o menino gay se identifica com o mundo feminino da mãe e isso explica sua fascinação pelas mulheres – o que não é necessariamente verdade.

Devemos pensar mais além e ver como os meninos são socializados. Há, ainda, regras muito específicas de gênero, com expectativas parentais e sociais. O fato de um indivíduo descobrir-se gay num mundo heteronormativo pode criar uma série de reações, muitas vezes também distorcidas, sobre esse mundo heterossexual.

Em nossa sociedade, a polaridade hétero-homo é valorizada,

a heterossexualidade é masculinizada e o mundo heterossexual é visto como o mundo de homens. Há uma tradição de heterossexualidade machista e esta domina nosso padrão de comportamento. Dessa forma, o movimento feminista de liberação das mulheres pode se aproximar do movimento gay no sentido de romper a lógica machista.

Não existem, ainda, explicações suficientes sobre a homossexualidade e não há respostas prontas para as questões de identidade de gênero. **O inegável é que alguns homens gays se aproximam do mundo feminino de forma extraordinária**. Mas não é fácil dar uma explicação psicológica, social ou até genética sobre tal fato. E especialistas tendem a acreditar mais na hipótese social. Ou seja, parece ser uma questão contextual. E o contexto machista empurra alguns gays para a amizade com as mulheres como forma de "reação à norma".

A diferença de orientação sexual estabelece um acordo (não explícito) em que não há intenções disfarçadas e cria uma certa sinceridade na relação. Não há nenhum tipo de interesse sexual, seja ele competitivo (como entre mulheres heterossexuais), seja de conquista (entre homens e mulheres heterossexuais).

É interessante, e também pouco explicável, notar como **o mundo gay conquistou as mulheres**. Alguns autores chamam esse fenômeno de "ditadura *fashion gay*", num mundo onde estilo e bom gosto são sinônimos de uma influência gay explícita (moda, decoração, beleza, arte etc).

Há um caráter relacional muito forte nessa amizade. Muitos estudos realizados com gays e mulheres dizem que eles gostam dessa amizade e apontam alguns motivos, entre eles, a ideia de **não julgamento sobre o comportamento sexual** e a possibilidade de intimidade com o gênero oposto.

Muitos dizem que essa intimidade vem aumentando nos últimos dez anos nas sociedades ocidentais, o que parece estar relacionado com um movimento feminino de liberação sexual. Outros estudos mostram que as mulheres mais propensas a esse tipo de amizade são, principalmente, as que já tiveram mais de um relacionamento estável (separadas/divorciadas), fizeram sexo antes do casamento e já tiveram relações extraconjugais.

Para o psicólogo Élder Cerqueira, essa aproximação entre gays e mulheres heterossexuais vai muito além do batom ou do mundo feminino relacionado ao comportamento e seus modos de vida (roupas, gostos etc). O especialista acredita que essa relação está sendo construída a partir de um elemento comum que diz respeito à cognição social associada às questões de gênero e heteronormatividade. Isto é, as relações de gênero (masculino e feminino) são socialmente solidificadas e compartilhadas como algo natural, mas elas se constituíram a partir de uma ideia eminentemente machista, ou seja, a sociedade acha natural ser heterossexual, e essa heterossexualidade é construída a partir de um papel de macho.

Há os que afirmam que o gay é mais sensível que o heterossexual, compreende mais a mulher. É mais intuitivo e menos racional. E, muitas vezes, mais educado. Há autêntica cumplicidade entre o gay e a mulher. Ele se interessa pelo detalhe, pela moda (e não pelo corpo das modelos), por perfumes, viagens. Fala mais de perto ao universo feminino. Conversa com ela no mundo dela. Percebe, por exemplo, que ela mudou o cabelo. Pode dizer que ela está bonita, mas não "gostosa".

O fato de o gay compreender uma certa fragilidade que a mulher tem e que deseja ser atendida revelou um outro aspecto: essa amizade tem ficado mais forte não só entre jovens, mas também entre um público mais velho, por causa do afastamento de homens heterossexuais. As mulheres de uma faixa etária específica não têm contatos com homens de sua idade. Hoje, os homens de 45, 50, 55 anos gostam de mulheres muito mais jovens. Então, há mulheres dessa faixa que não encontram parceiros nem para ser amigos.

O homem homossexual tem características que agradam muito às mulheres: gosta de um certo requinte, tem um certo romantismo. Assim, para essas mulheres, os homossexuais são uma boa companhia.

Para a psicóloga Ana Cristina Teixeira, a amizade se estabelece quando buscamos reviver afetivamente nossos vínculos primários. O psicanalista Jacques Lacan chama de "estágio do espelho" o momento em que o ser humano constrói uma imagem de si a partir do olhar do outro, no caso, a mãe. Nessa vivência de unicidade, experenciamos ser o "eu ideal", um eu de perfeição; na miragem do outro eu me vejo e me reconheço. Esse momento imaginário que funda nosso narcisismo primário e nos funda enquanto sujeitos é que vai nortear nossa busca por amor.

Nossa relação com os objetos de amor, com o outro, vai se dar a partir da projeção da imagem do eu, o que Freud chamou de "eu ideal". Sendo assim, estamos sempre buscando no outro a própria imagem ou aquele que cuida e protege o eu, base para nossas identificações.

A base da amizade está ancorada nessa identificação narcísica, no entanto, tem suas peculiaridades, como a reciprocidade de afetos, a construção de laços – os quais, mesmo com a distância física, podem ser cultivados – e a aceitação das diferenças e da disponibilidade de cada um. E essa é uma relação objetal especial, na qual temos de sublimar nossos impulsos eróticos, dessexualizando a relação com o objeto de amor, no caso o(a) amigo(a).

Para Teixeira, a amizade entre mulheres e homens gays parece se tratar de um tipo especial de identificação, que gira em torno de ser o "falo" para o outro. Reproduz a relação materna com o filho no registro imaginário, em que o sujeito busca corresponder a demandas narcísicas feitas pelo outro. Pode haver certo enrijecimento nas posições de sujeito-objeto, não havendo alternância e/ou reciprocidade quanto à troca afetiva própria da amizade. Nesse caso, haveria a predominância de elementos imaginários de idealização, devoção e, também, ambivalência de sentimentos amor-ódio experimentados na frustração quanto a ser esse "falo" para o outro.

A amizade é uma fonte de autoconhecimento em que experimentamos nossa capacidade e limite de troca afetiva. Por ser uma relação que escolhemos, muitas vezes sem saber o porquê, temos a oportunidade de nos ver e ampliar nossas fronteiras, uma vez que além das afinidades existem as diferenças. No entanto, como qualquer relação humana, podemos estabelecer relações doentias, em que buscamos compensar nossas faltas por meio de uma relação complementar, na qual, no lugar de trocas afetivas, estabelecemos um vínculo em que o outro somente é visto pela função que ocupa na vida do dito "amigo".

Para a psicóloga Mara Pusch, a amizade é algo que extrapola as relações sociais. São laços de afeto e confiança que nos atraem para um núcleo de segurança e nos afastam da solidão. A amizade nasce independente da opção sexual. Normalmente, surge devido a gostos complementares, desejos compatíveis, assuntos em comum. E tudo isso tem explicação química: ficar do lado daqueles de quem gostamos libera substâncias como a dopamina, neurotransmissor produzido em uma região do cérebro que dá a sensação de prazer.

O gay entende muito bem as necessidades das mulheres, coisa que, às vezes, um homem heterossexual ou uma mulher não entendem. A mulher gosta de falar e, ao mesmo tempo, ser ouvida. O amigo homossexual atende a essa necessidade.

Gays geralmente não têm filhos, por isso têm mais tempo para se dedicar a outras coisas, como profissão e espiritualidade. Normalmente são bem-sucedidos e sabem empregar o dinheiro em coisas boas. Admiram o belo e são despidos de preconceitos. São sinceros sobre o que é ou não adequado a você, ao dar palpites no visual. Tudo isso com uma fineza ímpar. Ah! E não têm a inveja das outras mulheres!

A psicóloga Thays Babo considera que as relações são mais entre pessoas do que entre orientações sexuais. Não há uma regra, vai depender de onde se dá o encontro. Para haver a identificação entre mulheres héteros e homens gays, no mínimo a mulher não deve ser preconceituosa. Se for, já há uma barreira para estabelecer a amizade. E, se a mulher só quer ter amigos gays, também é um fato digno de atenção – assim, ela está atrás de um estereótipo ou se defendendo de outros tipos de amizade que considere ameaçadoras.

A partir de um ponto de vista junguiano, tanto homens quanto mulheres têm aspectos femininos e masculinos. Tais aspectos podem estar mais ou menos conscientes. Apesar de Jung não ter falado muito sobre a homossexualidade, provavelmente o que encontramos em alguns gays (não se pode generalizar, dizendo "todos") é uma maior consciência ou contato com seu lado feminino – e aí a mulher se identificaria.

O que há de diferente na amizade das mulheres com os homens gays (em relação à amizade de mulheres com outras mulheres e homens heterossexuais)?

A amizade com outra mulher às vezes gera competições – por um homem, por exemplo, ou até mais de um! Também pode trazer à tona aspectos que não estejam bem resolvidos em relação a outras figuras femininas (mãe, irmãs, primas). Ser amiga de um homem heterossexual fica mais complicado, porque muitos homens desejam a mulher por trás da amiga.

Por saberem disso, suas namoradas ou esposas dificultam ou impedem seus namorados ou maridos de terem amizades femininas. Mas, ainda de acordo com Thays, a amizade com um homem hétero também pode ser bastante proveitosa, quando sincera e incondicional, porque a mulher – se for flexível – aprende a levar em consideração o ponto de vista masculino e ganha em objetividade, deixando algumas fantasias de lado.

Uma relação forte e verdadeira?

A psicóloga nos convida a refletir: o que seria essa amizade "forte e verdadeira"? Expor seus sentimentos, pedir conselhos ou está-se falando de consultoria para assuntos como roupa, cosméticos etc.? Porque muitas das afirmações de que homens gays são ótimos amigos de mulheres podem parecer generalizações, estereótipos. Em geral, a mídia retrata a amizade feminina com um gay assumido pelo seu maior interesse em moda, produtos de beleza, enfim, em coisas tradicionalmente ligadas à feminilidade. Então, as vantagens para as mulheres seriam essas dicas preciosas.

Há amizades fortes entre mulheres e homens, entre mulheres e mulheres – depende muito da abertura da pessoa à amizade, interesses em comum e disponibilidade.

Se a mulher tenta fazer um pacto com um gay para entender como a cabeça masculina funciona, pode ficar frustrada. Porque ninguém pode generalizar quando se trata do ser humano (apesar de se querer muito tentar, para dar conta de nossas inseguranças), independentemente da orientação sexual. E, na opinião da psicóloga Thays Babo, não necessariamente um gay vai entender melhor o que os homens querem.

E é claro que, sendo humanos, nem sempre a amizade entre um gay e uma mulher heterossexual vai ser eterna e perfeita. Às vezes, acontecem decepções, de ambos os lados. Quando menos se espera, pode surgir preconceito (tanto vindo da mulher quanto do homem) e aí a amizade fica abalada.

Mulheres heterossexuais e homens gays têm cérebros semelhantes

E tanta afinidade chamou a atenção da ciência. Em junho de 2008, pesquisadores do Instituto Karolinska, na Suécia, afirmaram que homossexuais do sexo masculino e mulheres heterossexuais apresentam algumas características comuns na área do cérebro responsável pela emoção, o humor e a ansiedade.

Vários estudos analisaram o papel de fatores genéticos, biológicos e ambientais na orientação sexual, mas poucas provas existem sobre qualquer um desses desempenhar um papel preponderante. Muitos cientistas acreditam que os fatores inatos e externos exercem influência.

Tomografias realizadas em noventa voluntários mostraram que o cérebro dos homens heterossexuais e das lésbicas é ligeiramente assimétrico, apresentando o hemisfério direito um pouco maior do que o esquerdo. O cérebro dos homossexuais masculinos e das mulheres heterossexuais não apresenta essa assimetria.

Depois, os cientistas mediram o fluxo de sangue da amígdala cerebelar – uma área importante para os comportamentos agressivos – e descobriram que ele contava com uma ramificação semelhante nos homens gays e nas mulheres heterossexuais.

Os pesquisadores acrescentaram que o estudo não é capaz de dizer se as diferenças na anatomia do cérebro são herdadas ou se são decorrentes, por exemplo, da exposição a hormônios como a testosterona, no útero, e se são responsáveis pelas escolhas sexuais de uma pessoa. Os cientistas ressaltaram que essas observações motivam-nos a realizar pesquisas mais amplas com grupos de estudo maiores e a buscar uma melhor compreensão da neurobiologia da homossexualidade.

Capítulo 3

Das *fag hags* às "marias-purpurinas"

Toda forma de amor vale a pena?

A amizade entre uma mulher heterossexual e um homem homossexual tem até definição em inglês: ***fag hag***. O termo *fag hag* é normalmente usado na comunidade gay masculina americana para descrever uma mulher hétero que está sempre na companhia de homens gays. A origem da expressão, da década de 1970, que antes era atribuída aos fãs do cantor David Bowie, hoje designa qualquer mulher que cultiva uma amizade especial por homossexuais. A expressão é usada sem intenções pejorativas, tanto por gays como por suas amigas heterossexuais.

Celebridades como Madonna, Cher, a atriz Margaret Cho – que inclusive publicou o livro *I'm the one that I want*, que fala abertamente sobre o tema –, a *socialite* Paris Hilton e a ex-*spice girl* Victoria Beckham já assumiram ser orgulhosamente *fag hags*. No Brasil, elas podem ser representadas pela ex-modelo Monique Evans e pela badalada *promoter* Alicinha Cavalcanti, por exemplo.

As *fag hags* não fazem parte de uma única categoria: algumas preferem simplesmente a sincera afeição dos amigos homossexuais e ficam apenas na amizade, sem nenhum interesse sexual; outras se apaixonam, de fato, pelos gays.

Entre as anônimas o fenômeno das *fag hags* também marca presença. Apesar de ainda não serem a maioria, mulheres héteros são vistas com mais frequência em clubes e bares GLS. Elas nunca passam despercebidas e, sem encanações, compartilham abertamente do mesmo espaço que seus amigos homossexuais – às vezes curtem o mesmo estilo de som e até o mesmo tipo de homem. São mulheres que têm uma legião de amigos gays e que fazem parte de uma geração mais aberta, esclarecida, em relação à diversidade sexual. São as chamadas *open minded* (mente aberta): são amigas dos gays porque não se importam com a orientação sexual do outro, mas com o que cada um é como ser humano.

Então, para elas, ser amiga de um gay é algo natural. Algumas elogiam o clima descontraído dos ambientes GLS, ao relatar que sempre respeitaram e foram respeitadas nesses lugares. As *fag hags* podem ser o resultado de um mundo mais tolerante e sem preconceitos.

O que há no mundo gay que possa despertar tanto interesse numa mulher heterossexual?

Não se sabe se existe um universo gay ou se, ao contrário, o mundo pop – que para uns é absolutamente interessante – é constituído por ambiguidades e rompimentos de forte apelo sexual: androginias, misturas entre luxo e vulgaridade, bom e mau gosto. Esse pode ser um mundo em que qualquer um que possa transitar de um lado a outro se sente bem-vindo. É possível que as mulheres heterossexuais também não tenham muito que se resguardar e apreciam esse tipo de amizade porque permitem uma abertura a comportamentos inesperados, imprevisíveis. Talvez seja por isso que essas mulheres estão se rendendo aos encantos dos gays. Outros acham que ver comportamentos diversos talvez seja uma forma de pensar ou até de inventar nossa própria maneira de ser.

Mas, numa relação com tantos gostos semelhantes, podem eventualmente surgir conflitos. Para o psicanalista Julio César Nascimento, da PUC de São Paulo, os relacionamentos entre gays e mulheres héteros são normalmente sustentados por laços inconscientes. As motivações para esse tipo de amizade podem ser as mais variadas possíveis. Ela pode evitar a comparação e a competição imaginária com outra mulher; isso se percebe quando, numa turma de gays, só há espaço para uma mulher hétero que reina absoluta. Ela se furta, assim, de se haver com outra mulher. E há mulheres que amam o lado feminino dos gays porque não gostam de aspectos da personalidade machista e acreditam ser impossível achar um homem hétero e viril que possa integrar a feminilidade à sua personalidade masculina.

E os conflitos? Como eles surgem? O que gera o conflito são as motivações inconscientes e inconfessas, geralmente quando um dos lados mostra um comportamento que tem a ver com a verdadeira motivação da relação: o desejo inconsciente aparece, criando o mal-estar. Por exemplo, quando a mulher quer outro nível de intimidade, quer ser a namorada, ou quando surge ciúme do namorado do amigo gay. Os conflitos não surgem do fato de as orientações sexuais serem diferentes. Pelo contrário, amizades entre pessoas de orientações sexuais distintas são em geral frutíferas e com potencial criativo.

Mulheres trocam psicólogo por amigo gay? Em muitos casos, a sintonia é tão grande que o amigo gay passa a fazer o papel de psicólogo, já que é possível conversar sobre tudo com amigos homossexuais. As mulheres héteros dizem que elas e seus amigos gays conversam sobre todos os assuntos e que eles guardam segredos. Isso e a afinidade de quase um casal são os motivos que têm levado muitas mulheres a substituírem o horário no psicólogo pelos amigos homossexuais. E algumas trocam mesmo, ao acreditarem que as conversas com o amigo são muito mais proveitosas, já que não há pudores, vergonhas, preconceitos. E ainda há um detalhe: o bom humor do amigo gay é capaz de evitar qualquer tipo de depressão.

Considerados a turma mais animada que se possa ter, eles conseguem transformar momentos simples em coisas muito especiais – mesmo que você coloque um filme para assistir e um pão de queijo no forno, tudo tem *glamour*!

Profissionais dizem que o "efeito terapêutico" dessa amizade não pode ser confundido. Segundo Ana Bock, professora de

Psicologia Social e Educacional da PUC de São Paulo, a afinidade entre mulheres e homens gays é algo normal porque, na maioria das vezes, eles realmente têm muitos gostos parecidos. Além disso, os amigos homossexuais podem, em alguns casos, **reforçar a autoestima das mulheres**. Na opinião da especialista, é sempre bom quando temos um amigo que acha que somos ótimas e lindas, pois existem amigos gays que valorizam a feminilidade e aí a mulher se sente bem.

Porém, a conversa com o amigo não pode substituir um tratamento psicológico, já que são coisas completamente diferentes. A psicoterapia é um atendimento profissional, sistematizado, organizado, científico, e a conversa com um bom amigo é terapêutica, mas não é terapia. Ambas são terapêuticas e podem ser feitas em conjunto.

Qual a diferença?

Com uma mulher que tem um grande amigo gay é assim: ela pode ter várias amigas, irmãs, camaradas. Mas, quando a coisa aperta, é para o ombro dele que ela corre, afinal, amigo é para essas coisas, e sendo gay, então... Por quê? O bacana é que ele é imparcial, tem exatamente o tom dos dois mundos, pode até ser muito sensível, mas não deixa de ter o seu lado homem para equilibrar. Muitas mulheres consideram os gays um "porto seguro".

Sabe aquela percepção que eles têm de nunca deixar a amiga ficar "pra baixo"? Essa peculiaridade também foi muito citada como um dos pontos positivos do amigo gay. Ele não fica, como as mulheres, "martelando" sobre o problema, ao contrário, fala umas bobagens e elas até esquecem que estão tristes. O fato de o amigo gay não se abater facilmente as impressiona. Segundo uma delas, não existem regras que estipulem o tipo de convívio que se vai ter com um homossexual: você pode falar com ele sobre seus problemas, mas também sobre casa, decoração e dicas de etiqueta. E vale ressaltar que essa história de que os gays só conversam sobre maquiagem e salto alto é mentira.

Será que o amigo gay é tão diferente assim das outras amizades?

Para a psicóloga Olga Watanabe, a diferença está no fato de ele ter sido moldado para ter uma visão masculina do mundo e, quando se posiciona como homossexual, se coloca para as mulheres como **um assessor do mundo masculino**. Ela explica que é muito interessante conhecer o universo masculino por intermédio de um homem que não é objeto de desejo. Ele é visto como homem, mas não um que a mulher cobice – na maioria dos casos, diga-se de passagem. Na realidade, entre homens e mulheres sempre existe desejo.

O homossexual lida com a expressão de sensibilidade mais facilmente. Ele parece mais livre para expressar o sentimento e isso o aproxima do universo feminino. Vale destacar que **ele não é mais sensível – a diferença é que ele não tem inibição para falar dos sentimentos,** expressando-se com mais facilidade.

Como relatou uma das entrevistadas, o mais interessante das conversas foi quando ela percebeu que o amigo vivia os mesmos dramas que ela. Uma vez o amigo confessou que tinha vontade de mandar flores para o namorado, mas sabia que ele ia achar ridículo – ela já havia tido essa ideia e sentia a mesma coisa.

Geralmente, elas confiam mais na opinião do amigo gay do que na das amigas. Mas há aquelas mulheres que se sentem incomodadas com a sinceridade excessiva deles, quando criticam tudo. Olga Watanabe defende essa sinceridade à flor da pele ao explicar que os homossexuais são pessoas que precisam fazer um esforço maior para conquistar determinados espaços, e isso faz com que tenham menos medo da aprovação, portanto, não buscam agradar a ninguém. Eles são o que são.

No cinema ou nos seriados da TV, é comum encontrar mulheres heterossexuais que mantêm grandes amizades com gays. Em *O casamento do meu melhor amigo* (*My best friend's wedding*), Julia Roberts se consola com Rupert Everett depois de saber que um antigo "ficante" por quem era apaixonada vai se casar. Julianne (Roberts) é uma jornalista que, às vésperas do casamento do ex-namorado e agora seu melhor amigo, Michael, descobre-se novamente apaixonada por ele e inventa uma série de sucessivos golpes baixos para destruir a festa e a reputação da noiva. Na tentativa de derrotar a rival, Julianne conta com a ajuda de um amigo gay (Everett) que se faz passar por seu noivo para causar ciúme em Michael.

A relação da amiga hétero, sobretudo a solteira, com os gays, é tema de vários seriados da TV norte-americana. E vários produtores já perceberam a importância de explorar o filão, como a já extinta série *Will and Grace*, que pode orgulhar-se da enorme audiência que conquistou. Exibido pela rede NBC, esse seriado praticamente fundou o conceito "melhor amigo gay para mulheres". O sucesso era tal que passou a existir a expressão "síndrome *Will and Grace*" para designar a tendência crescente desse tipo de amizade.

A dupla do título vivia junto hilariantes e atrapalhadas situações. A série era protagonizada por um advogado homossexual bonitão e uma bem-sucedida decoradora heterossexual judia que dividiam um apartamento em Nova York. Suas histórias refletiam muito bem a relação de cumplicidade entre eles. Juntos, esses personagens faziam uma inteligente sátira da vida urbana de Nova York, com todas as suas particularidades, modernidades e – por que não? – preconceitos.

Dividir segredos, chorar no ombro do outro, dividir frescuras, trocar alfinetadas. Nesse quesito, ninguém superava os protagonistas de *Will and Grace*, que mostravam ao mundo quão divertida é uma dupla formada por uma mulher hétero e seu melhor amigo gay.

Se existia algo que não separava Will Truman e Grace Adler era a grande amizade que sentiam um pelo outro. Mas, no passado, eles foram mais do que amigos. Durante a faculdade, Grace não entendia por que nunca haviam tido relações sexuais e tentou levar para a cama o então namorado Will. Mas existia um problema, o qual os dois não podiam evitar: a dificuldade que Will sentia em ter a primeira transa com Grace era porque ele descobriu que não gostava de mulheres.

Quando Will decidiu contar a verdade, ficou nervoso e pediu Grace em casamento. Mas, antes que eles chegassem a se casar, Will conseguiu declarar sua preferência sexual, levando a enfurecida Grace a ficar um ano sem falar com ele. Ao se reencontrarem casualmente, percebem que foram feitos um para o outro, mesmo que isso não significasse "chegar às vias de fato". Os anos se passaram e a amizade entre os dois voltou com toda a força. E, assim, como os melhores amigos um do outro, passam a viver juntos, protagonizando uma incondicional e, às vezes, comovente amizade.

Will tornou-se um prestigioso advogado, politicamente correto, mas complexado por não conseguir namorados sérios. Grace sofria com o mesmo problema e tinha um gosto duvidoso para moda. Ambos gostavam de um bom vinho, moda e ir às compras. Will e Grace procuravam um grande amor e já tinham aceitado havia muito que nada ia acontecer entre eles. Por isso, encaravam juntos os altos e baixos da vida, sabendo que um sempre poderia contar com o ombro amigo do outro.

É um relacionamento moderno permeado pelos problemas e as alegrias da vida em Nova York. As situações contadas na série se aproximam muito de casos reais do cotidiano de uma mulher que tem um amigo gay. São exemplos: o episódio em que ambos se apaixonam pelo mesmo sujeito (que, diante do absurdo, prefere cair fora) e aquele em que fazem um pacto segundo o qual, se não arrumar um marido até os 38 anos, ela terá um filho dele, além das cenas frequentes em que aparecem devorando potes de sorvete e falando de homens diante da TV. Ou seja, tudo o que aconteceria entre duas amigas, mas com o detalhe de a personagem contar com um interlocutor, e cúmplice, do sexo masculino – mesmo que ele seja gay.

O clima divertido da série residia nas tentativas de os protagonistas encontrarem homens interessantes e nas trapalhadas em que que se envolviam com o histérico Jack, o amigo de Will que fazia questão de mostrar que era realmente gay.

Will and Grace fez uma mistura apimentada de sexo e amizade, quebrando todos os tabus: foi a primeira série da televisão aberta dos Estados Unidos a transmitir um beijo homossexual no horário nobre. Enquanto ainda era tabu em vários lugares do mundo, o beijo gay apareceu algumas vezes no programa sem causar um furor tão grande quanto o provocado no ano de 2005 no Brasil pela novela *América*, da Rede Globo. Na segunda temporada de *Will and Grace*, Eric McCormack (Will Truman) e Sean Hayes (Jack McFarland) protagonizaram a cena em que os dois personagens se beijavam romanticamente, sem maiores polêmicas ou dores de cabeça. O assunto foi tratado de forma séria pelo seriado.

E uma série com personagens gays protagonistas poderia ser bem aceita pelo público conservador americano? O tempo mostrou que sim e a resposta da audiência não poderia ter sido melhor. *Will and Grace* conquistou dezenas de prêmios (foi uma das séries que tiveram mais indicações ao Emmy – o prêmio mais importante da televisão norte-americana). Foram 83 indicações e 16 prêmios, ao longo de oito temporadas.

Os quatro atores principais do seriado também receberam o prêmio. A série recebeu ainda sete SAG Awards e foi indicada para um número recorde de 27 Globos de Ouro. E chegou a ser o seriado de maior audiência na televisão aberta americana, com muitos fãs também na América Latina. E tornou-se a mais assistida série gay do mundo.

As mulheres e seus melhores amigos gays – as outras duplas inseparáveis da telinha

Karen e Jack *(Will and Grace)*

A série se chamava *Will and Grace*, mas bem que poderia se chamar "Jack and Karen". O gay excêntrico sem noção e sua melhor amiga bêbada milionária roubavam a cena da série e nos divertiam horrores!

Jack e Karen eram a personificação do mal na Terra. Completamente egoístas, maldosos e preconceituosos, esses dois tinham prazer em fazer outras pessoas se sentirem para baixo. Várias das melhores cenas de comédia da série saíram dessa união divertida. Jack, com sua busca pela fama (e pelos homens mais atraentes), e Karen, com sua conta bancária milionária (e sua garrafa de Jose Cuervo), divertiam o público cativo.

Linda e Tom *(Gimme gimme gimme)*

Seriado que ganhou *status* de *supercult* na Inglaterra e que, assim como *Will and Grace*, gira em torno de um casal de amigos (ele gay) que divide a mesma casa. O autor do seriado, Jonathan Harvey, falou ao jornal *The Observer*: "Ter um grande amigo gay é a relação platônica dos sonhos: solidária, não competitiva, alegre e sem potencial sexual, acrescida ainda – como diz o ditado popular – por um interesse comum por dois assuntos: acessórios e homens".

Clara e JP *(Clara Sheller)*

A história acompanha o dia a dia de Clara (Mélanie Doutey), uma jornalista parisiense de 30 anos e seu melhor amigo gay (prestes a sair do armário), JP (Frédéric Diefenthal). Eles dividem o apartamento, as tristezas e alegrias, e procuram o homem de suas vidas.

Considerada pela crítica uma boa mistura de *Sex and the city* e *Will & Grace* e com uma dose de *O diário de Bridget Jones*, a ousada série *Clara Sheller* retrata o descolado universo francês, que dá o tom da trama. Mostra as desventuras amorosas de Clara e JP, que buscam seus *princes charmants* ("príncipes encantados" – termo muito citado nos episódios). A relação deles seria bem mais fácil se não dividissem o apartamento, trabalhassem no mesmo local e, não raro, se interessassem pelos mesmos homens – o que rende situações ainda mais divertidas.

Junte-se a esse turbilhão o fato de que um dos príncipes por quem eles se apaixonam mora no mesmo prédio e se envolve ora com Clara, ora com JP. É o sedutor Gilles (Thierry Neuvic), por quem ambos sentem grande atração e com quem passam uma quente noite a três.

Em outro episódio, Clara fica grávida de seu melhor amigo gay. A jornalista busca o momento certo para contar a JP que ele é o pai do filho que ela espera. Mas como prever a reação do amigo, que é homossexual e está apaixonadíssimo pelo novo namorado? Enquanto isso, JP conta aos pais que é gay e Clara revela a todos que está grávida dele. E haja polêmica: já nos primeiros episódios, Clara decide não ter o bebê (na França, o aborto é uma opção legal desde 1975).

Como um bom seriado francês, a *sitcom* trata de política, homossexualidade, amor (das mais diferentes formas – até a três), traição e família, de maneira bem-humorada, contemporânea e sem preconceitos. Urbana, feminina e metrossexual, a série foi premiada como "Melhor Série de Televisão" num festival francês em 2005.

Produção elogiada pela crítica e que obteve grande sucesso de audiência: atingiu a impressionante marca de 6 milhões de telespectadores na França. No Brasil, a atração é exibida pelo Eurochannel.

Carrie e Stanford (*Sex and the city*)

Carrie (Sarah Jessica Parker) era escritora de uma coluna de sexo, apaixonada por sapatos, conhecia tudo sobre grifes e vivia atrás de um grande amor. Stanford (Willie Garson) não era necessariamente o homem que teve um envolvimento com Carrie; na realidade ele era o homem que esteve sempre presente na vida da loira. Stanford era seu melhor amigo gay, que compartilhava o gosto pela moda e a busca pelo amor. O amigo gay que entendia melhor do que ninguém os dramas das amigas. Ele era a dose intravenosa de massagem no ego de Carrie e os dois dividiam suas dolorosas, mas engraçadas experiências na vida de solteiro em Nova York. Em um episódio em que Carrie está mal, em um ato de autodepreciação, ele diz: "Então você não está vendo o que eu estou vendo". Único e sempre presente, Stany representava o fidelíssimo amigo que sempre temos.

As personagens, principalmente Carrie, frequentavam muitos lugares chamados *gay friendly* (GLS – simpatizantes da causa gay). Carrie volta e meia saía para dançar com seu amigo Stanford. O chiquérrimo Stanford conseguia ter menos sorte no amor que a protagonista de *Sex and the city*, mas seus terninhos eram o máximo! A série não era focada nessa relação; no filme, aliás, ele aparece muito pouco, mas já servia como exemplo de uma bela amizade.

Os amigos gays faziam parte do universo das badaladas

personagens do seriado; as quatro "garotas" tinham amigos homossexuais que funcionavam como uma espécie de terapeutas de plantão. A cultura gay em *Sex and the city* era presença frequente no programa, talvez porque tanto o roteirista e diretor Michael Patrick King quanto o principal produtor, Darren Star, são homossexuais assumidos e fizeram uma série com forte apelo entre os gays. E, por isso, há quem diga que é a história de quatro mulheres que se comportam como gays...

Jen e Jack (*Dawson's creek*)

Eles já foram chamados de Will and Grace de Capeside. Jack McPhee (Kerr Smith) "saiu do armário" numa cena emocionante de *Dawson's Creek* e formava com Jen (Michelle Williams) uma das duplas mais queridas da série *teen*.

Jack era *quarterback* do time de futebol americano da escola e Jen era a rainha do baile. Se essa fosse uma série superficial, eles seriam namorados. Mas Jack era gay, com direito a beijo na boca dos namorados (nos Estados Unidos já existe beijo gay na TV desde os anos 90), e Jen era uma ex-safada desajustada que brigava com a avó. Eles se tornam os melhores amigos.

Amanda e Marc (*Ugly Betty*)

Quando o episódio fica meio dramático em *Ugly Betty* (*Betty, a Feia*), quem nos faz rir mesmo é a dupla Amanda (Becki Newton) e Marc (Michael Urie). Venenosos, a recepcionista e seu amigo gay nunca decepcionam. Marc e Amanda são tão "ruins" quanto Jack e Karen, de *Will and Grace*. Criticam qualquer um que passa por perto. Quase foram ao êxtase quando Betty (America Ferrera) começa a trabalhar na mesma empresa que eles, com seu cabelo horrível, aparelho nos dentes e usando um poncho colorido brega. Um prato cheio para os viciados em moda que não gostam de gente feia.

Charlotte e Anthony (*Sex and the city*)

Charlotte (Kristin Davis) também tinha seu melhor-amigo-gay, Anthony (Mario Cantone), que ajudou a planejar seu casamento e sabia escolher um vestido de noiva como ninguém mais. Aliás, Stanford e Anthony estavam sempre ajudando as quatro amigas.

Sem falar no episódio em que os amigos gays de Samantha (Kim Cattrall) pedem para dormir com ela... E ela transa com os dois.

Angela e Rickie ***(My so called life – "Minha vida de cão")***

O que essa série tinha de tão especial? Talvez o fato de mostrar, de forma direta e sem glamour, os dramas e os dilemas de crescer e se perceber diferente.

A história gira em torno da vida de um grupo de adolescentes de um subúrbio de Pittsburgh, EUA. A série focava a insegura Angela (Claire Daines), 15 anos, mostrando como é dura a vida de uma adolescente. O seriado mostrava a família, os amigos, alegrias e tristezas de Angela, que contava com um melhor amigo gay: o fiel, sensível e romântico Rickie (Wilson Cruz) – o primeiro adolescente gay da TV.

Gabrielle e Vern (*Desperate housewives*)

Até agora, Gabrielle (Eva Longoria Parker) é a única das donas de casa desesperadas a ter um melhor amigo gay. Quem sabe agora que um casal gay se mudou para Wisteria Lane não se forme alguma outra dupla dinâmica?

Claire e Zach (*Heroes*)

O canal NBC negou, mas todo mundo tinha certeza de que Zach (Thomas Dekker), o melhor amigo de Claire (Hayden Panettiere), era totalmente gay. Pena que, com o Haitiano (Jimmy Jean-Louis) apagando a memória do garoto, a amizade acabou e ele nunca saiu do armário.

Katherine Heigl e T. R. Knight (na vida real)

Na série *Grey's Anatomy* o personagem George não é gay e até teve um caso com Izzie. Mas na vida real o ator T. R. Knight é homossexual e forma com a atriz Katherine Heigl uma dupla tão unida que não poderia deixar de ser citada.

Nas séries americanas, a presença de personagens gays tem crescido nos últimos anos, como atesta uma pesquisa feita pela Gays & Lesbians Alliance Against Defamation (GLAAD). E não é somente o número de personagens gays que vem crescendo. A aceitação do público melhora a olhos vistos. A rede americana NBC foi uma das pioneiras a tratar do assunto com *Will and Grace*, considerada por muitos um grande passo para a aceitação dos gays na sociedade.

Também a série *Cupidos* (segundo matéria da revista portuguesa *Máxima*), transmitida pelo canal *People + Arts* apresenta dois gays, Max e Michael, cujo objetivo é encontrar um príncipe encantado para uma mulher solteira. O resultado nem sempre é brilhante, mas a ideia é poder ajudar devido à sensibilidade e ao bom gosto de ambos. Num dos episódios já conseguiram transformar uma gótica numa mulher superfeminina e elegante. Eis um dos ingredientes que explica a aproximação: eles têm uma apurada noção de estética. Jogam com os sinais exteriores da feminilidade.

E os gays fazem tanto sucesso, seus conselhos e dicas são tão festejados que aquela ajuda no visual se estende também aos homens heterossexuais. Isso mesmo! Pensando nisso, um grupo de amigos gays americanos, ouvindo várias reclamações das mulheres sobre os namorados (bermudão e chinelo, pilhas de roupas sem lavar espalhadas pela casa, cabelo sem corte ou lavado com qualquer coisa que estiver ao alcance das mãos), criou o já extinto programa *Queer eye for the straight guy* (em português, algo como "Um olhar gay a homens heterossexuais"), que foi transmitido no Brasil pelo canal Sony.

Na verdade, o programa foi uma fusão de ideias criativas dos produtores norte-americanos, David Collins e David Meltzer, um gay e o outro hétero. Um deles estava, certa tarde, numa galeria de arte e percebeu que uma mulher brigava com seu marido por ele não ser como um dos homens (gays) de um grupo que estava do outro lado do salão. Baseado nisso, os dois produtores perceberam que homossexuais poderiam fazer um grande favor para as mulheres: endireitar seus arcaicos homens.

Os apresentadores do programa eram os gays Ted Allen,

especialista em gastronomia e vinhos, Thom Filicia, craque em decoração rápida, Carson Kressley, fera em moda, Jai Rodriguez, *expert* em cultura, e Kyan Douglas, guru da beleza, que promoviam uma revolução estética na vida dos homens heterossexuais, sempre com uma eficiência peculiar. A tarefa era difícil: transformar homens rudes héteros em seres capazes de saber que produtos passar no cabelo, quais roupas usar e até a quais filmes assistir.

Um decorador, um estilista, um chef de cozinha, um entendido da beleza e um assessor de cultura, este último denominado um "zelador de tudo o que é bom" – responsável por muitas coisas, incluindo música, comportamento e cultura pop –, todos eles talentosos, gays, e estavam determinados a arrumar a desordem feita pelos homens héteros. Mas no fim de toda (divertida) "faxina *fashion*", um novo homem surgia – e com cheirinho de homem novo em folha! Eles transformaram, por exemplo, mecânicos e até um caubói em homens que passaram a saber discutir moda e escolher a loção pós-barba correta para seu tipo de pele.

Os "*Fab Five*" (os "cinco fabulosos"), como eles se autointitulavam, tinham a missão de tornar seu discípulo atraente para agradar a uma mulher. O grupo invadia – com permissão e educação, claro – casas de famílias americanas, davam férias aos filhos e esposa e "sequestravam" o homem da casa para um pacote expresso que incluía banho de loja, beleza, boas maneiras e bom gosto. O final era sempre feliz e os cinco se derretiam em lágrimas diante do êxito romântico. O sucesso do programa nos Estados Unidos foi tão grande que o quinteto resolveu escrever um livro, seguindo o estilo chique de ser, com o mesmo nome da atração televisiva. O resultado é um grande manual metrossexual (*metropolitan heterossexual*) nas áreas em que um homem tradicional e conservador não tem muita intimidade: moda, estética, decoração, cultura e gastronomia.

O olhar

Munido de secador e pomadas, Kyan Douglas (o guru da aparência) ensinava o homem a se cuidar e desenvolver uma vaidade masculina. "A vida é atribulada. Por que se preocupar com essa coisa chamada higiene? Uma resposta fácil é: as mulheres percebem!", lembra Douglas em sua parte no livro. Segundo ele, elas reparam no cabelo, unhas, pele e até no "arbusto" que convive com as partes baixas dos homens. Kyan aproveita para mostrar como a linha de cosméticos masculinos cresceu absurdamente e afirma que não ter um visual legal é descaso. Para Douglas, hoje em dia os homens sentem certa liberdade para se cuidar. Ele não sabe dizer o porquê, mas na cultura ocidental a atenção ao vestuário, pele, unhas ou dentes sempre foi um tópico feminino, mas que isso está mudando.

Thom Filicia (o *designer* de interiores) era o cara que invadia quarto e sala, aprovava um quadro, reprovava o sofá-cama e sugeria novas cores para a parede. Para Thom, seu apartamento não precisa se parecer com aquele daquela estrela de TV. Se você tem um apartamento pequeno, uma boa solução é pintar todas as paredes de uma cor só, dando continuidade aos ambientes. A ideia é: personalize seu espaço.

O ex-estilista da Polo Ralph Lauren, Carson Kressley, chega com a máxima: "O mundo é jeans". O que inicialmente foi feito para ser um uniforme de trabalho de fazendeiros e mineiros, hoje é regra para astros do rock, advogados, médicos, mães e quase todo mundo que tem duas pernas, diz ele no livro. Carson também desmistifica o temido terno ao falar dos mais diversos tipos e classificá-los para as melhores ocasiões. E quanto aos botões do paletó, é enfático: "Na ordem, de cima para baixo: às vezes, sempre e nunca!".

Jai Rodriguez (o assessor de cultura), que se diz fera em cultura pop e bom gosto, arrematava com toques que iam desde dicas de interação pessoal, como apertos de mão, que segundo ele devem sempre ser firmes, fazendo a pessoa saber que você está ali, até dicas para falar em público e coisas que não se deve fazer. "A maioria dos homens já sabe como ser um cavalheiro. Suas mães lhe ensinaram boas maneiras, e eles foram para a faculdade, compraram um terno como todo mundo, arrumaram um emprego e nunca mais abriram a porta para uma mulher. Por quê?", indaga Jai.

Rodriguez ainda lembra que se o cara for descolado,

inteligente, bem vestido e bom de papo, mas grosso e mal-educado, ninguém vai se importar com o que estudou. Só vão achar que é um babaca. E Rodriguez sugere a leitura como a forma mais rápida de se tornar culto. "Deixe um livro na cabeceira da cama. Só o fato de tê-lo ali, olhando para você e pedindo sua atenção como um animal de estimação, fará maravilhas para sua dieta literária. Algumas páginas antes de dormir não só farão você terminar o livro, como limparão sua mente das preocupações do cotidiano", recomenda Jai.

Na terceira temporada, o nome do programa foi encurtado para *Queer eye*, nome pelo qual era mais conhecido do público. A partir do sucesso do programa surgiu *Queer eye for the straight girl*, a versão feminina adaptada.

O *reality show Queer eye* ajudava, portanto, a confirmar o conceito de que gays são chiques e descolados. É claro que devem existir homossexuais cafonas, mas eles não escrevem livros nem estão na televisão.

As duplas dinâmicas da vida real – As brasileiras também têm o seu amigo gay!

A relações-públicas Ana Manssour, 46 anos, tem um casal de amigos gays que foram as únicas pessoas, tirando a família, que telefonaram para ela no dia do seu primeiro aniversário depois que ela foi morar em São Paulo. Ela estava se sentindo sozinha, longe de casa, da sua terra e das pessoas e lugares que ama. E ela simplesmente adora esses dois amigos, que considera "duas almas brilhantes", "dois anjos de luz" em sua vida.

E tem mais: Maneco, o astrólogo e guru de Ana, também gay, é daqueles que dizem sem dó nem piedade todas as verdades que a gente precisa ouvir usando a linguagem mais direta possível – entre o trágico e o cômico. Ana teve uma decepção em sua vida e, no desespero, chegou a ter uma crise de choro dentro do carro e não sabia o que fazer nem para onde ir. Ela deu a partida no carro e foi direto para a casa dele, mesmo sem antes telefonar.

Quando ele abriu a porta, ela se atirou em seus braços, soluçando sem parar. Ele a abraçou forte, com "aqueles brações enormes", sem dizer nada. Era absolutamente tudo o de que ela precisava. Ela percebeu que, mesmo tendo uma família ótima à qual recorrer, "tinha" que ser com ele. Maneco era a pessoa certa para estar com ela naquele momento. Até porque Ana nem sabia se ele estaria "livre", já que ele não atende pela manhã, só começa depois das 11 horas... E tudo aquilo estava acontecendo com ela **antes** das 11 horas.

Então, ele lhe deu café, conversaram muito, ele deu uma olhada em seu mapa astral, abriu o tarô... E ela ama esse homem! A demonstração dessa bela amizade está traduzida na mensagem que Ana enviou para Maneco: "Acho que nunca cheguei a te dizer o quanto aquilo foi importante para mim, o valor que teve, o quanto me senti amada e protegida, abençoada mesmo! Aproveito para te dizer isso agora, e para falar uma coisa que nunca falei antes: que te amo muito, que tu és importante na minha vida e fazes parte dela, e que mesmo sabendo que não somos perfeitos, isso não é nem nunca vai ser obstáculo para a nossa amizade".

E Ana acha mesmo que os amigos gays são capazes de dar puxões de orelha, ensinar o que fazer, tudo numa única sessão! A relações-públicas os vê como grandes observadores e críticos da natureza humana, porque têm experiência em enfrentar preconceitos, olhares de soslaio e ataques alheios. São elegantes quando necessário, ácidos com quem merece. São *experts* em sobrevivência e superação no meio cada vez mais hipócrita que é a sociedade humana.

Para Ana, a presença do amigo gay é importante pelo brilho que ele dá a tudo. Aprende-se com eles a sobreviver e a superar as dificuldades da vida. E ela diz que da amizade não se "tira" nada, porque a verdadeira amizade é troca, é ganha-ganha, é fraternidade e afeição mútuas. E é isso que faz os seres mais sábios, estabelecendo liames mais fortes e próximos do amor, faz com que sejamos mais completos, libertos e iluminados.

A jornalista Gabriela Carvalho, 34 anos, terminou um noivado de nove anos, e foi na fase de total solteirice que conheceu o amigo Thiago Lucas. Descobriram que tinham muitas coisas em comum:

mesmo signo, totalmente emocionais e muito românticos. E logo se tornaram amigos íntimos. Nessa fase, Gabi não queria se amarrar em ninguém e tinha apenas namoricos. E Thiago virou seu amigo-gay-confidente. A sintonia entre ambos foi tanta que as dicas de Thiago foram se encaixando perfeitamente nas diversas fases pelas quais ela passou. E uma delas foi a redescoberta do prazer total no sexo. Gabi e Thiago, então, passaram a avaliar juntos as novas fases em que ela entrava. Tudo muito divertido, porque eles sempre marcam de se encontrar nos restaurantes de que mais gostam e o papo flui deliciosamente. Gabi acredita que está amadurecendo com essas conversas com o amigo Thiago.

Há seis meses, Gabi encontrou um cara no trânsito, foram se conhecendo e ela descobriu que o sexo com ele era incrível. E, então, ela se apaixonou. Mas o cara sumia e depois aparecia como se nada tivesse acontecido. Depois de um tempo, Gabi soube que ele tinha namorada. Mas a questão é que com ele ela se libertou. O sexo era perfeito. Porém, mesmo tendo confundido os sentimentos no começo, ela achava que eles não namorariam, pelo fato de seus estilos de vida serem muito diferentes. Nas conversas com Thiago, Gabi aprendeu que é isso o que toda mulher procura: sexo excelente, mas que, nesse caso, ela deveria aproveitar o que o cara podia oferecer... só sexo! (Essa foi uma das primeiras dicas que Thiago lhe deu.)

Ela diz que é muito difícil encontrar caras assim, livres, que adoram sexo e que põem muita sutileza nesse momento. Ele era o tipo de cara que não tinha pressa em gozar, fazia um delicioso sexo oral e a ajudou a quebrar alguns tabus. É como se esse homem a tivesse "catequizado" sexualmente. A partir daí, ela ficou mais exigente.

Gabi também aprendeu com Thiago a valorizar "o calibre de um pênis". Certa vez, ela estava com Thiago na lanchonete preferida dos dois, com uma amiga que mora no exterior e estava no Rio de passagem, e começaram a falar sobre pênis e outras coisas do universo masculino. Os três chegaram à conclusão de que um "pênis com calibre" é melhor que um muito longo. Gabi acha que a espessura é muito importante, porque massageia mais o clitóris, proporcionando mais prazer. E ela só começou a prestar atenção para o calibre peniano depois do papo com Thiago. E, pela primeira vez, ela encontrou um assim e já comprovou que faz toda a diferença. E o mais engraçado, ela conta, é a descrição dada por Thiago para o pênis com calibre: "latinha de coca-cola".

E as situações divertidas que ela vivencia com Thiago? Um dia eles estavam na praia e passou um cara que trabalhava com seu ex-noivo. Não deu outra: o fato de ela estar na praia com um homem bonito (Thiago) e sarado rendeu um novo relacionamento para ela. Na semana seguinte, quando ela chegou na empresa (Gabi presta serviço para essa mesma firma), o comentário era um só: foi vista na praia com seu novo namorado, lindo e sarado. Gabi diz que poderia ter aproveitado a situação e confirmado, mas não aguentou, e a cada um que perguntava quem era o seu novo parceiro, ela contava, às gargalhadas, que era o seu amigo gay!

Aliás, sempre que sai com Thiago, Gabi dá boas gargalhadas. Principalmente quando cruzam com os "gatos", seja quando estão na praia correndo, no shopping ou até no supermercado. Os dois dão "aquela avaliada" e comentam o potencial do rapaz. É Thiago quem costuma dizer se o bonitinho da vez é para ele ou para ela. Quando o cara é para ela, ele diz: "Gabi, não faz tipo! Mulher adora fazer isso! Se você não olhar e não demonstrar ao cara que o achou interessante, não tem como ele saber se pode avançar, né?". E assim Thiago vai direcionando a amiga. Outra vez, depois de correrem na praia, eles viram um cara interessante e ele disse no ato: "Esse não é gay!". Então, passaram pelo cara, que puxou papo, e trocaram telefone...

Por que muitas vezes uma mulher tem um gay como melhor amigo?

Os melhores amigos da atriz Adriana Cubas, 30 anos, são todos gays. E Paco Llistó é um deles. Para ela, os gays têm uma sensibilidade maior, são autênticos, sinceros e jamais vão dizer algo só para te agradar. Seus amigos homossexuais são muito honestos com ela sempre que precisa de uma opinião ou quando está triste. Eles mostram aquilo que ela não quer ver, a fim de ajudarem-na a sair da fossa e ver uma solução melhor, e nunca para deixá-la mais para baixo. Quando ela terminou um namoro de forma conturbada, seus amigos gays deram muita força, ressaltando que aquela situação não prestava mais para ela, enquanto outras pessoas ficavam em cima do muro.

A atriz já passou por situações delicadas, desde aquele amigo heterossexual carente que quis "outra coisa" com ela até "amigas" que ficaram com homens nos quais ela estava interessada – e sobre os quais ela tinha feito comentário antes com essas mesmas amigas!! E é como diz Ana Manssour: uma amiga mulher pode ter inveja e não demonstrar, um amigo homem (hétero) pode ter segundas intenções e nos enrolar. O amigo gay até pode sentir as duas coisas, mas não esconde, é honesto e continua sendo, acima de tudo, seu amigo.

Adriana acha que a principal coisa a aprender é não ter preconceitos. Ter um olhar mais aberto para as pessoas, para tudo, sair um pouco da defensiva. E ela admira muito isso em seus amigos gays. Ela diz que todos têm um senso de liberdade que ela ainda não tem. E quando ela diz liberdade, se refere ao fato de eles serem quem são, sem pedir desculpas por isso, de viver a vida com dignidade e alegria sendo quem realmente são, sem hipocrisia.

Por que os conselhos dados pelos gays são tão especiais para as mulheres?

A atriz é categórica: "Porque são verdadeiros". Seus amigos sempre falam aquilo que pensam, sem falsidade, por mais que o que tenham a dizer não seja muito fácil de ouvir. E vice-versa, eles são abertos a ter uma relação sincera. Há nove anos, ela tem um amigo que é praticamente um irmão. Eles já brigaram, mas nunca ficaram sem se falar, e todas as vezes em que eles têm algo muito importante a compartilhar ou um conselho a pedir, sempre procuram um ao outro, pois sabem desse compromisso de ambos com a verdade. Ela confessa que esse tipo de cumplicidade ainda não encontrou em amigos(as) heterossexuais.

"Os gays têm um olhar para homens bonitos que é uma loucura! E não têm problema em compartilhar com as amigas! Você pode ser você mesma com eles, sem que isso seja um problema, sem confusões desnecessárias."

Adriana acredita que o amigo gay pode ser importante na vida de uma mulher para ensiná-la a se aceitar da maneira como ela é e tirar vantagem disso. Ela afirma que só eles podem ensinar isso, porque se assumiram como são em meio a tanta hipocrisia e preconceitos do mundo. Para ela, "eles não têm medo de ser quem são e isso é lindo!". Eles são muito corajosos, e isso é um superexemplo para as mulheres, para que não tenhamos medo de ser quem somos, de nos expressar, não esperar que outros digam como somos especiais, mas sim sabermos disso e nos respeitarmos. Inspirada, Adriana diz que não sabe como seria sua vida sem seus amigos amados, pois sempre aprende muito com eles e fica muito feliz por eles estarem em sua vida. "Eles sabem, mais do que ninguém, a fazer limonada com os limões que a vida nos dá diariamente. Eu os saúdo por isso!"

Por que o amigo gay é importante na vida de uma mulher?

A publicitária Carolina Cunha, 25 anos, amiga de Theo, toca num ponto em que muita gente ainda faz confusão: os gays são homens, sim, com todos os instintos, barbas e vozes grossas a que têm direito, mas conseguem compartilhar interesses com você que seus amigos héteros não conseguem, e isso faz toda a diferença! A publicitária não tem problemas para falar sobre sexo abertamente com um amigo hétero, mas ela acha que é querer demais pedir que ele entenda como uma noite pode mudar sua vida. Ela diz que o gay pode não concordar com o romantismo todo, mas ele tem a sensibilidade para compreender.

Em relação aos conselhos e dicas dados pelos gays, Carolina arrisca que é como se o gay tivesse uma chave para transitar entre os dois mundos. Ele tem a perspectiva feminina, ele entende, ele sabe que é plausível gastar R$ 800,00 em um vestido só porque não marcou sua barriga. Mas também entende o tesão desenfreado masculino, o sexo casual, os joguinhos que os homens fazem.

Se um amigo está disposto a comprar sua causa e ajudar você a decifrar o seu relacionamento, você ganhou na loteria. Carol acredita que as mulheres sempre partem do pressuposto de que ele sabe mais. Às vezes é verdade. Às vezes, não. Para ela, a mulher também precisa entender que o gay não é um deus que entende sobre tudo, pois muitas vezes é ela quem terá "bala na agulha" para aconselhá-lo. E, segundo ela, essa relação acaba sendo deliciosa, porque os dois aprendem e os laços só vão ficando mais fortes.

E o que o amigo gay tem que os héteros e as amigas mulheres não têm?

A publicitária Carolina acredita que a maior diferença é a "fuga da conformidade". São três coisas diferentes e igualmente importantes na vida de uma mulher. Além da diferença óbvia (o homossexual tem um pouco dos dois – homens e mulheres – por conceito), o gay não se importa com convenções sociais e, na sua opinião, isso é libertador. A visão deles sobre tabus da sociedade heterossexista acrescenta um mundo na vida da mulher.

Ela ressalta que a mulher não precisa esquecer seus sonhos de casamento, filhos, religião ou outros valores, mas reitera que receber um conselho sincero de uma pessoa, no caso, o gay, que sabe lutar pela felicidade, lhe mostrando que a luz no fim do túnel pode não ser o que você esperava desde pequena, faz crescer "uma eternidade".

Carolina detesta generalizar, mas, com base em suas experiências, tem uns palpites sobre o porquê de muitas mulheres terem um gay como melhor amigo. Ela observa que, nos anos 90, virou status ter um melhor amigo gay. Depois de tantos filmes e séries de TV enaltecendo esse conceito, ela considera que as mulheres começaram a buscar os homossexuais para serem seus amigos, imaginando o "luxo" que isso seria.

Outro fator é o ciúme. Ela acha que muitas mulheres são inseguras o suficiente para acreditar que seu parceiro pode se interessar por sua amiga ou vice-versa, o que ela acredita que seja mais uma questão de falha na escolha do namorado/amiga. Para a publicitária, o fato é que elas acabam buscando um gay imaginando que estão livres dessa ameaça. E estão, se for pensar bem, *dessa* ameaça. Mas de todas as outras mulheres do mundo, não.

Giane Gottardi é jornalista, tem 26 anos e é "amigona" de Allan Johan, também jornalista, de 28 anos. Giane acredita que ter um amigo gay tornou-se algo mais seguro. Eles são companheiríssimos, e têm esse lado feminino em um corpo masculino que gera muita segurança em nós, mulheres. Para a jornalista, um amigo gay pode ser importante na vida de uma mulher porque ele será o único com quem, num momento difícil, você poderá contar. Vai ser aquele que estará com você para o que der e vier.

O que o amigo gay tem que o hétero e as amigas mulheres não têm?

Para Giane, é a sensibilidade. O amigo gay sabe quando a amiga está mal. Sabe a hora certa de ligar e falar "Oi, tudo bem?". Essa dedicação nos momentos mais difíceis nenhum outro amigo lhe oferece. **O colo de um gay é insubstituível!** E os conselhos dados pelos gays são tão especiais para as mulheres porque ele é sempre o porto seguro, a única pessoa que ela respeita e escuta numa situação delicada, em que precisa tomar uma decisão. Então, a palavra de um amigo gay vale mais do que qualquer outra.

Para a jovem, uma das coisas que uma mulher pode aprender com os gays é ser menos escandalosa, pois eles odeiam "barraco", além de ser menos egoísta e possessiva. Ter um bom coração, fazer o bem sem pedir nada em troca. De sua amizade com Allan ela só tira coisas boas. O amigo é uma pessoa maravilhosa, batalhadora, verdadeira e tem um coração enorme. E ela avalia que nem todas as mulheres têm a sorte de encontrar um grande amigo como ela teve, que sempre a ensinou a ser ela mesma, mas com menos alvoroço, a rir e a chorar "sem perder o rebolado". Ela afirma que os gays são os únicos que não te abandonam quando você casa.

"Por que toda mulher insiste em ter um amigo gay?" Essa pergunta, vinda de amigos-héteros-machões-convictos, já chegou de várias formas para a jornalista Cláudia Macedo, 35 anos. Mas isso é um fato: Cláudia acha que é cada vez mais comum a presença do amigo gay na vida das mulheres. Ela não sabe ao certo o porquê. Talvez seja porque as mulheres precisem de uma presença masculina, mas que, ao mesmo tempo, seja delicado, ajude a escolher bem as roupas, que entenda nossos problemas com os homens mesmo sendo um deles e com o qual possamos sair sem que nos preocupemos com que ele só tope o programa se for para ter sexo.

Cláudia tem alguns amigos gays de que ela gosta muitíssimo e nos quais confia plenamente. Tanto quanto confiaria em uma boa amiga ou mesmo em um bom amigo hétero. Apesar de que, segunda ela, ter amigos héteros que são **só** amigos mesmo geralmente causa estranheza. As pessoas vivem perguntando: "Mas por que vocês não namoram? São tão amigos, combinam tanto...", de modo tão insistente que a amizade não vai pra frente.

A jornalista conversa sobre várias coisas com seus amigos gays, mas um assunto recorrente é que a quantidade de gays pelo mundo aumentou muito. Sobre isso, ela diz, eles normalmente discordam e dizem que está faltando gay-solteiro-interessante na área. E ela diz logo para eles: "Ah, qual é? Tem gay 'pipocando' pelo mundo [ela não sabe se os que já eram começaram a assumir] e nada de a comunidade 'masculina-hétero-interessante-interessado' aumentar!".

Mas ela não faz a mínima ideia de por que as mulheres têm cada vez mais amigos gays. E, só para citar mais um entre tantos estereótipos que cercam o universo gay (porque nem todo gay é igual, assim como nem todo hétero), ela diz: "Com quem mais iríamos aprender coisas como "*bafon*", "tô xó" e "racha"? A-do-ro isso!".

Cláudia acha que o fato de muitas vezes uma mulher ter um gay como melhor amigo não é uma "questão de escolha". É o tipo de coisa que simplesmente acontece. Duas pessoas se tornam amigas e um dia elas descobrem que têm tantas afinidades que a amizade vai se tornando cada dia mais forte.

Para ela, qualquer amigo, homo ou heterossexual, é importante na vida de uma mulher. Ela não acredita que essa distinção sexual seja saudável. Talvez o diferencial esteja em ter ao lado uma pessoa que compreenda melhor os lados feminino e masculino por ter isso em si. Uma coisa interessante que ela observa e que tem como experiência é que seus amigos (verdadeiros) gays dão opiniões sinceras sobre homens nos quais por acaso ela esteja interessada sem meias palavras (como fazem os homens héteros), mas com uma sensibilidade extrema.

O que os amigos gays têm que as mulheres e os homens héteros não têm é que aqueles normalmente conciliam a sensibilidade feminina com o conhecimento do pensamento (e do corpo) masculino. Sobre os conselhos/dicas, ela diz que não são os conselhos dados pelos gays de uma forma geral, e sim pelos **amigos** gays. Seus amigos são pessoas sensíveis, cultas, antenadas, inteligentes... E, então, ela pergunta: "Como não dar ouvidos a eles?". Com eles podem-se tirar lições de coragem e vontade de viver livremente com alegria.

Para Gisele Ramos, 28 anos, estudante de jornalismo, não existe amizade mais divertida do que essa! Os gays geralmente têm um senso de humor muito apurado e, por vezes, ferino. A estudante diz que qualquer amizade sempre agrega coisas valiosas à nossa vida, mas ela confessa que chorar as dores de um amor perdido é mais divertido na companhia de um amigo gay do que na de qualquer outro.

Gisele acredita que os diferenciais em relação a outro tipo de amizade sejam intimidade e confiança. Segundo ela, com o amigo gay ela se sente à vontade para contar TUDO mesmo, desde as peripécias sexuais até o valor real daquele sapato caríssimo. Assim como se sente à vontade para trocar de roupa na frente deles e fazer piadinhas sem medo de ser mal-entendida.

E os conselhos? Um amigo gay geralmente vai te dizer que aquela blusa de listras horizontais realmente alargou sua silhueta. Ou que o seu novo namorado é malandro e provavelmente vai te trair. Coisas que um marido (no caso da blusa), uma amiga ou até mesmo uma mãe teriam a delicadeza de ocultar. Isso é algo que, num primeiro momento, até pode incomodar muito, mas depois dá pra perceber que é para o nosso bem. "A verdade às vezes é dura de encarar, mas eles ajudam nesse caminho", diz Gisele.

É isso: encarar as adversidades da vida com bom humor pode ser o grande aprendizado. Muitos deles sofrem preconceitos no dia a dia e tiveram dificuldades para "sair do armário" diante da família, amigos e colegas de trabalho, mas não deixam a peteca cair!

Maria Elisa Pimenta, 24 anos, estudante de direito, amiga de Vincenzo, considera que um amigo gay é completo, pois possui todas as qualidades de uma amiga e um ponto de vista masculino, o que vem sempre a calhar. E esse amigo tem um *plus*: ele nunca será invejoso. A visão que ele tem sendo homem é sempre importante e diferente da amiga mulher. Para ela, os conselhos dados por eles são importantes porque são "100% sinceros". Como em toda amizade, a tendência é sempre aprender alguma coisa com o amigo e este aprender algo com você, e essa relação de troca é extremamente favorável.

Para Carolina Cecchi, 48 anos, administradora de empresas e amiga do Tony, muitas vezes uma mulher tem um gay como melhor amigo porque eles pensam muito parecido, têm afinidades e ainda podem nos fazer entender como pensa um homem. No seu caso, seus amigos gays têm inteligência, perspicácia, cultura e uma visão mais aberta de tudo. Para ela, o interessante nas dicas que eles dão é que eles pensam como homens, mas compreendem melhor as mulheres. Dessas amizades ela absorve muito sobre cultura, relacionamentos e tudo o que há de novo e interessante.

As "marias-purpurinas"

Mas não pense que todas as mulheres ficam satisfeitas apenas com uma pura amizade. Há aquelas que sentem atração por gays e fazem parte de outro grupo: as "marias-purpurinas". Elas "ficam" com o amigo gay e mostram que essa relação é mais comum do que se imagina. Na novela *A Favorita*, as personagens Céu (Deborah Secco) e Sharon (Giovanna Ewbank) chegaram a brigar por Orlandinho (Iran Malfitano), o gay em questão. Na trama, Orlandinho e Céu viveram uma bela amizade que se transformou em paixão e que culminou com um final feliz.

Na novela *Caras & Bocas*, há uma maria-purpurina típica: Léa (Maria Zilda Bethlem) é uma perua deslumbrada que está no segundo casamento, movido apenas por interesses financeiros. Ela conhece Cássio (Marco Pigossi) – que é gay –, funcionário fashionista da galeria de arte de Dafne (Flávia Alessandra) e Simone (Ingrid Guimarães). Nasce uma amizade e os dois tornam-se companheiros de balada. Carente de afeto e sexo, Léa se insinua para Cássio, mas ele, sendo gay, a princípio leva na brincadeira e faz questão de sempre lembrá-la de sua orientação sexual. Um dia, ela dá uma bebida a ele, aproveita para levá-lo para a cama e ambos têm uma noite maravilhosa! Ela fica surpresa com a performance dele e até diz: "Você tem uma "pegada!". Ele, como não se lembra de nada por causa da bebida, não acredita e ela diz que sim, aconteceu, foi maravilhoso e que ele é ótimo na cama!

Léa e Cássio passam a ser amantes, e ela o banca: compra roupas, leva-o a restaurantes de luxo, tudo o de que ele gosta. Perante as pessoas eles continuam como ótimos amigos. Até que um dia o marido de Léa chega de uma viagem e os flagra na cama. A princípio eles tentam negar, mas depois ela abre o jogo dizendo que são amantes, sim, e que está louca por ele. Diante do deboche do marido de Léa, Cássio diz: "Eu sou 'bofe'!".

Um gay apaixonado por uma mulher – e mais velha? Mesmo sendo homossexual, o jovem se apaixona de verdade. E faz de tudo para provar que não quer o dinheiro dela.

Muitos especulam que a trama tomou esse rumo para que o personagem gay tivesse maior aceitação entre o público brasileiro. Cássio virou um queridinho do público feminino e infantil, e o sucesso dos bordões "Choquei!" e "Fiquei rosa-chiclete!" mostra que o personagem teve receptividade.

Em entrevista à *Revista da TV*, do jornal *O Globo*, o autor Walcyr Carrasco não foge de polêmica e afirma que, com delicadeza, todo tipo de assunto pode ser tratado. Quanto à questionada ligação entre o gay Cássio e Léa, Carrasco explicou que "A relação deles dois fala das possibilidades do amor, fugindo dos estereótipos".

Na vida real, esse tipo de situação pode até render histórias divertidas. O maquiador Edy volta e meia é alvo de cantadas, já ganhou joias de presente e ouve coisas como "se você não fosse gay, eu casava" e "a pessoa que está com você deve ser muito feliz". Já o jornalista Gustavo sempre ouve que ele é "um desperdício" e responde: "Desperdício para quem? Porque eu estou aproveitando muito...". Ele tem amigos gays que, de vez em quando, "ficam" com mulheres. Ele arrisca que elas gostam de testar o poder de sedução.

O jornalista Sílvio conta que também já passou por situações engraçadas, principalmente na balada. Certa vez, uma garota deu em cima dele e ele teve que pedir a um amigo para avisar que era gay. Pra quê? Aí mesmo é que a garota ficou louca e não sossegou até conseguir beijá-lo. Sílvio se diverte com as histórias e diz que tem mesmo muitas amigas mulheres. Ele acha que é porque "conversamos de igual para igual, sobre tudo, e então a amizade rola fácil, com sinceridade". Para a mulher, é como se fosse aquele amigo homem para quem ela pode contar tudo sem medo de segundas intenções.

Mas a forma da abordagem usada pelas marias-purpurinas nem sempre é sutil. O também maquiador Flávio conta que nunca levou uma "dura" tão grande como a que levou de uma mulher há alguns anos, que o deixou muito assustado. A purpurina o assediou dentro do carro e ele falou que não ia conseguir, que precisava ir embora. A partir de então, outros assédios femininos aconteceram, mas ele soube lidar com mais tranquilidade, porque dessa ele quase não escapou.

Mas o que os gays têm que atrai tanto essas mulheres? Sensibilidade? Entendem mais as mulheres e elas acabam se encantando? Carinhosos, têm um papo interessante e sabem deixar o ego das mulheres nas alturas ao elogiar o corte de cabelo ou aquela sandália de grife que custou uma fortuna. Sempre arrumados, se cuidam mais, sabem falar sobre roupas. Partilham de alguns mesmos desejos e, sim, estão no alvo das mulheres.

As marias-purpurinas sentem-se atraídas exatamente por aquilo que não encontram nos héteros. Como são mais "parecidos" com as mulheres, acabam agradando. Para a secretária Aline, além de eles serem mais sensíveis, "entendem a gente melhor e sabem o que conversar. Às vezes, com um homem hétero falta assunto. Alguns só pensam em sexo". Aline chegou a beijar um amigo gay só por curtição, já que o rapaz em questão gosta mesmo de homem, mas diz que valeu a experiência e que, se ele não fosse gay, com certeza o namoraria.

A explicação para o fascínio das mulheres pelos gays é quase unânime: eles têm qualidades que faltam aos heterossexuais. Na opinião do maquiador Flávio, elas costumam procurar a delicadeza e a gentileza. A explicação por esse desejo quase estranho não tem nada de anormal; para ele, o gay sabe ouvir uma mulher e eles sempre as estimulam a estar lindas, muito femininas, brilhando. Já o homem hétero normalmente quer apagar esse brilho. Então, se a mulher vai para a cama com um gay, ela vai receber todo o carinho.

Seria então um novo ideal de príncipe encantado?

Há muitas mulheres que se envolvem com um homem sabendo que ele é homossexual e até se apaixonam. Elas entram de cabeça e podem até se machucar, porque, geralmente, o gay vai mais por curiosidade, para ver "qual é". Mas será que dá certo? Esse tipo de união é possível? A tradutora Juliana há seis meses "fica" com um amigo gay. Ela acha que se a mulher se sente atraída e tem ciência de que não vai construir um relacionamento, por que não? Ela e o "ficante" gay até Réveillon já passaram juntos, mas ele costuma falar para ela: "Você sabe que não vai passar disso, né?". Juliana suspira: "Ele é bonito, inteligente, sensível, educado, gosta das mesmas coisas que eu... Um amigo para quem você pode falar tudo e ainda te 'pega'".

Se as brincadeiras têm um lugar especial na relação entre os dois, que ironizam a sexualidade e se autocriticam, o que poderá acontecer quando as coisas se complicarem, ou seja, quando se confundir amizade com amor?

Para a arquiteta Miriam, hoje em dia, a solidão faz parte do cotidiano de muitas mulheres, por mais bonitas e emancipadas que elas sejam. Às vezes, uma mulher pode cair nos braços de um homossexual não porque ignora sua condição, mas porque gostaria que ele não fosse gay. No seu caso, ela pensou que conseguiria "converter" o cara com o qual se envolveu. A arquiteta resume a relação como "aquele típico desperdício que não sai da cabeça. Foi quase um desafio. Sofri um grande desgosto".

Há quem ache que um homossexual possa sentir atração por uma mulher, mas poucos acreditam na durabilidade dessa relação. E há quem afirme que para a mulher é a maior roubada. O negócio é saber separar as coisas. Se for um fetiche, tudo bem. O problema é pensar no cara como uma possibilidade de vida em comum. Para o jornalista Gustavo, o cara só vai deixar de ser gay na fantasia da mulher. Sílvio diz que até vale de brincadeira, mas nada mais sério.

Na novela *A Favorita*, o personagem Orlandinho, que era gay assumido, num determinado momento não sabia mais se era ou não. Sílvio afirma que esse dilema é pura lenda e normalmente não acontece. Então, garotas que adoram o jeito fofo e carinhoso dos amigos gays, muita calma nessa hora! Nem sempre esse tipo de história tem final feliz na vida real.

Como é possível uma mulher se apaixonar por um homossexual sabendo de sua orientação sexual?

Para a psiquiatra e psicanalista francesa Elisa Cayat, autora de *Un homme + une femme = quoi?*, o fato de as mulheres desejarem justamente alguém que não pode retribuir esse afeto amoroso – nesse caso, um homossexual – significa "o medo do seu próprio desejo, a incapacidade de elas próprias desejarem e de se sentirem desejadas. Elas alimentam uma relação impossível e expõem-se à frustração e ao ciúme. Porque, ao contrário delas, os seus amigos homossexuais têm uma vida amorosa e sexual".

Para Elisa Cayat, o que se passa com essas mulheres é que, por um lado, elas aproximam-se do homem, mas, por outro, desligam-se, protegendo-se de uma relação amorosa real, uma vez que receiam o desejo masculino. Para elas, o desejo sexual masculino é um abuso, uma verdadeira violência.

Para a psicanalista, as relações de amizade entre mulheres e homossexuais tornam-se patológicas quando uma mulher só consegue ter relações de amizade com gays e, ao mesmo tempo, não consegue concretizar uma relação amorosa. "Essas mulheres que se defendem um dia percebem que o que temem é o relacionamento amoroso. Mas esse terreno é tão pessoal e doloroso que é melhor que sejam acompanhadas por um especialista".

A relação entre mulheres e homossexuais também pode ser tensa e conflituosa. Por exemplo, quando elas se apaixonam por eles ou quando decidem ter um filho juntos, uma opção mais procurada por eles. A publicitária Isabel viveu essa experiência: "Uma coisa é partilhar confidências e outra é partilhar o útero. Fiquei perplexa quando o meu melhor amigo, que era gay, me pediu para ter um filho dele. Não conseguia me imaginar tendo um filho de alguém que não amava como parceiro. Foi muito estranho. Acabamos por nos desentender".

Mas, como disse uma delas, toda mulher deve ter pelo menos um amigo gay. É uma coisa básica. Porém, histórias de mulheres que conseguiram namorar homossexuais chegam a surpreender.

Aos 13 anos, Solange saía todo final de semana com uma amiga para dançar. Ao chegar na danceteria, ficava tentando chamar a atenção do segurança do local. Oito meses depois, conseguiu o que queria: conquistou os olhares de Jorge e começaram a namorar. Ela conta que o rapaz era lindo, todas as meninas davam em cima dele e ele nem ligava. E corria o boato de que era gay. Sem se preocupar com as fofocas, eles ficaram um ano juntos. Mais de dez anos depois, Solange foi com um grupo de amigos a uma boate GLS de São Paulo. Ao chegar, foi anunciado o show de uma "caricata" – um homem que se veste de mulher com produção engraçada para fazer o público rir. Durante o show, ouviu uma voz familiar no palco: era o ex-namorado. Ela conta que foi difícil, mas que depois se tornaram amigos.

Numa época em que a solidão faz parte da vida de muitas mulheres, bonitas e independentes, não é difícil encontrar relatos como esse. Algumas acabam nos braços de um homem gay porque não conseguem enxergá-lo como é, mas como gostariam que fosse. Outras porque têm uma queda por experimentar algo novo. Apesar da experiência difícil, Solange voltou a se envolver com um homossexual, mesmo sabendo de sua orientação sexual. Ela diz que foi apenas uma noite e que não vai deixar de ficar com um cara porque ele é gay, mas está ciente de que paixões como essas podem ser dolorosas.

A psicóloga Adriana Nunan, autora do livro *Homossexualidade: do preconceito aos padrões de consumo*, afirma que não existe uma única explicação para a preferência de algumas mulheres por gays. Ela esclarece que carência e medo de relacionamento sério são possibilidades. Outra seria o fato de alguns homens gays possuírem características valorizadas pelas mulheres, tais como a tão falada sensibilidade, a educação, a gentileza e o que o leigo chama de "bom gosto" – para se vestir, por exemplo. O único empecilho de namorar um gay é o mais óbvio: tudo pode andar às mil maravilhas enquanto a principal intenção é se divertir. O risco é cair num envolvimento maior, quando surgem planos para um futuro comum.

A estudante Marília namorou durante seis meses um homossexual, sabendo de sua orientação. Marília destaca as qualidades dos gays: "A maioria se preocupa com o visual. Imagine se eles vão sair com você de bermuda e chinelo! E o melhor é que têm bom gosto e podem ajudar a gente a se produzir". A promotora de eventos Luciana teve uma experiência única ao ficar com um homossexual numa boate e concorda com Marília. "Eles sabem arrasar, compram roupas bonitas, usam bons perfumes. Hoje em dia, até os héteros mais preocupados com a moda copiam o estilo que antes era característico dos gays. De onde você pensa que saíram essas camisas mais justas e cabelos arrepiados?" – ela se refere ao padrão de comportamento chamado metrossexual – homens heterossexuais vaidosos.

Considerados uma das parcelas da população com maior poder de compra, de acordo com o IBGE, os gays representam cerca de 14% da população brasileira (24 milhões de pessoas). As pesquisas de mercado indicam que, por causa da natural dificuldade dos casais homossexuais em terem filhos, eles têm um poder aquisitivo 44% maior que os héteros e, por isso, gastam mais com roupas, perfumes e produtos para consumo próprio.

Além disso, outro fator que conquista as mulheres é a atenção que alguns homossexuais dispensam a elas. O psicólogo Klecius

Borges explica que costuma haver uma afinidade maior, já que o universo de muitos homens gays se aproxima um pouco mais do mundo feminino, o que aumenta o nível de compatibilidade.

Para Karen, o sonho de toda mulher é encontrar um homem que a escute e entenda. E, segundo ela, grande parte dos gays consegue ouvir uma mulher sem perder a paciência, e o melhor é que sempre dão conselhos valiosos. No caso de Bárbara, uma grande amizade foi o ponto de partida para a paixão. Ela chegou até a fazer simpatias para atraí-lo, o que não funcionou. Ela o conhece desde que era adolescente e foi o tipo de paixão que faz chorar. Apesar do sofrimento, os dois continuam amigos. Bárbara afirma que toda mulher deve ter pelo menos um amigo gay. "É uma coisa básica."

Para o psicanalista francês Serge Hefez, "os gays pretendem uma adoração da representação mítica da mulher. Muitas mulheres identificam-se com essa imagem sublimada. O fascínio por um ideal feminino cria um ponto de reencontro e de cumplicidade extremamente importante".

Muitas mulheres preferem fazer suas confidências sentimentais não a uma amiga, dado que esta terá uma opinião feminina – logo, próxima da sua –, mas a um amigo especial que, sendo homem, conhece perfeitamente o pensamento masculino. Como tal, seus conselhos serão mais sensatos e proveitosos.

Se essa cumplicidade emotiva os aproxima, também os sintoniza, visto que ambos sentem-se do mesmo lado do espelho. Os dois gostam de homens, falam sobre homens e o risco de rivalidade é remoto, em princípio porque não se interessam pelo mesmo tipo.

O humor também é um elemento fundador dessa cumplicidade. Segundo Serge Hefez, a capacidade que os homossexuais têm de rir de si próprios está ligada à sua trajetória. Hefez explica que, quando precisa ocultar suas preferências e seu eu profundo durante toda a infância, o indivíduo é obrigado a rir de si mesmo para sobreviver. Junto de suas amigas, eles encontram a mesma capacidade de ultrapassar as feridas narcísicas por meio do humor, sobretudo quando essas mulheres também têm horror às pessoas convencionais e aos esquemas tradicionais de família.

A história da estudante de letras Marjory também começou com uma amizade. Ela conta que nem desconfiava de que o rapaz com quem estava envolvida era gay. Henrique foi um ótimo namorado, sempre se lembrava de datas especiais, escrevia cartas e bilhetinhos perguntando como ela estava e dizendo que a amava. E ela pergunta: "Que mulher não gosta de receber atenção?". Henrique, o alvo da paixão, devolve os elogios: "Ela era meu refúgio. Ficamos juntos um ano, três meses e um dia". Marjory conta que, depois do final do namoro, ainda ficaram algumas vezes, o que a levou a ter esperança de reatar. Até que um dia o rapaz contou que era gay. Ela chorou muito, mas com o tempo se conformou, teve outros namorados, mas não teve com eles a mesma afinidade e liberdade que tinha com Henrique.

Especialista em sexualidade, a psicóloga Thays Babo afirma que o único problema de uma mulher se apaixonar por gays é quando isso vira uma obsessão. Se a mulher só se apaixonar por homens gays, pode ser o início de um processo patológico. Se for apenas uma vez, não há nada que se possa afirmar.

A universitária Dalila acha que é perfeitamente normal algumas mulheres se apaixonarem mais de uma vez por homens gays. Ela mesma teve uma paixão que durou dois anos. Chegaram a ficar uma vez, ela percebeu que não ia "rolar", mas não sabia o motivo. Um dia, saíram para dançar e ela o viu beijando um homem. Num primeiro momento, ficou chocada, mas depois pensou que pelo menos não ia sentir a raiva de ter sido trocada por outra mulher. Depois disso, ela teve várias paixões. Após ter namorado um rapaz hétero, ela pôde ver a diferença. A jovem conta que adora dançar, e com ele não tinha como colocar uma música da Madonna e pedir para ele brincar de fazer a coreografia! Ela diz que ser gay pode fazer a diferença.

Segundo o psicoterapeuta sexual João Batista Pedrosa, existe mesmo a diferença na relação mais íntima entre mulheres héteros e homens gays. Ele explica que o homem heterossexual, em consequência de nossa formação cultural, apresenta como alicerce de suas relações o machismo. Apresenta um padrão de relacionamento em que a genitalização do sexo é muito forte.

Ou seja, um empobrecimento da relação sexual, em que o carinho e as preliminares não são muito valorizados, e sim o coito. Já o homem gay valoriza muito mais as preliminares e a sinestesia, que é o carinho propriamente dito.

A maquiadora Chiara, que namorou um homossexual durante seis meses, aponta as qualidades: "Eles são mais sensíveis, humanos e sem preconceito". Ela diz que foi uma relação normal, mas que tem consciência de até onde pode se envolver com um cara que tem essa orientação sexual. Ela sabe que não terá um futuro.

Já Olívia, estudante, 21 anos, aposta que a cumplicidade é o ponto alto dessas relações. No ano passado ela namorou um rapaz gay e a cumplicidade entre eles nunca tinha acontecido com outros homens. Ela conta que no começo eles escolheram uma relação aberta: cada um poderia ficar com quem quisesse, mas foi ficando mais sério e acabaram com a relação. Depois de um tempo, resolveram se separar e hoje são grandes amigos. Ela diz que nunca houve crise, mas que não deixa de ser diferente.

Essa diferença marcou o primeiro namoro de Manuela. Ela tinha 16 anos, ele, 14. Ficaram um ano e meio juntos. Sete anos depois ela descobriu que ele estava saindo com homens. Ela diz que não tem preconceitos, mas acha que essa vontade de experimentar de tudo está virando moda.

Para o psiquiatra Alexandre Saadeh, a experiência é válida se os envolvidos estiverem de acordo, mas ele chama a atenção para o fato de que existem homossexuais masculinos mal resolvidos que se aproveitam disso para fazer pose perante a família e os amigos. Para ele, esses relacionamentos hoje são aceitos com mais naturalidade. Ele afirma que a sexualidade está mais aberta, e os limites, menos rígidos. Prova dessa mudança é que o cinema e a TV já abordam o tema com mais frequência, como é o caso do seriado *Will and Grace* e filmes como *A razão do meu afeto* e *Sobrou pra você*, que têm aceitação, boa repercussão e conquistam um grande público. Saadeh analisa que "há alguns anos um seriado não poderia falar do relacionamento entre um advogado e uma decoradora judia".

No Brasil, as novelas *A Favorita* e *Caras & Bocas,* da Rede Globo, não foram as únicas a retratar casos de mulheres que se envolvem com gays. Relações de afeto entre mulheres héteros e homens gays são a forma mais recente de abordar o tema da homossexualidade na televisão. Na novela *Duas Caras*, o autor Aguinaldo Silva desenvolveu uma história de amor cheia de lirismo entre os personagens Bernardinho (Thiago Mendonça) e Dália (Leona Cavalli). Um romance que ultrapassou as fronteiras do amor platônico. O batalhador Bernardinho era uma versão gay da Cinderela. Sofria nas mãos da madrasta e dos irmãos brutamontes. As coisas mudaram quando ele conheceu a problemática e frágil Dália, que tentava se livrar das drogas.

Dália viu em Bernardinho um porto seguro após receber seu amparo, e este, por sua vez, libertou-se da repressão familiar ao se sentir amado por ela. Thiago Mendonça chegou a defender na época: "O amor não é uma coisa uniforme. Pode acontecer de várias maneiras. Bernardinho supre as carências de afeto da Dália e vice-versa. Eles se amam e devem concretizar esse sentimento através do sexo nos próximos capítulos". E de fato aconteceu: a noite de sexo entre os personagens resultou em um filho. Porém, como toda novela tem os seus obstáculos até o "felizes para sempre", o autor Aguinaldo Silva incluiu um terceiro elemento para tumultuar a relação de Bernardinho e Dália: com a entrada do bonitão Heraldo (Alexandre Slaviero), formou-se um triângulo amoroso.

Também em *Duas Caras*, vale lembrar o espalhafatoso personagem Jojô (Wilson dos Santos), dono da boate Texas Bar, grande incentivador da carreira da dançarina Alzira (Flávia Alessandra). Ambos eram grandes amigos. O personagem era engraçado e muito afetado, mas na verdade não era gay, e sim um gavião que vigiava bem suas presas.

Segundo Aguinaldo Silva, que é o oitavo autor consecutivo de novela das oito a incluir personagens gays na trama, a homossexualidade nas novelas é tratada de uma maneira muito antiquada, seguindo sempre o politicamente correto. "O homem sempre foi um ser rico demais para ser classificado por compartimentos. A ambiguidade é uma de suas características mais positivas e marcantes." E o autor já afirmou que não é somente nos folhetins que o romance de Bernardinho e Dália é possível. O próprio Aguinaldo conhece vários casos de gays masculinos e mulheres héteros que são apaixonados um pelo outro. Ele acredita que esse tipo de relacionamento é perfeitamente possível.

Prova disso foi o "quase romance" entre Marcelo Arantes e Gyselle Soares, participantes da oitava edição do *Big Brother Brasil*. O psiquiatra Marcelo, homossexual bem resolvido, ficou "balançado" ao se encantar com o jeito brejeiro da morena Gyselle. O rapaz assumia que era gay, mas dizia que sentia "algo diferente" pela jovem. Nos primeiros dias de confinamento, o psiquiatra se aproximou da moça do Piauí, que sempre ficava isolada. Como Bernardinho e Dália, Marcelo e Gyselle se tornaram inseparáveis. Quando a morena começou a demonstrar interesse, Marcelo resolveu abrir o jogo para não "brincar com os sentimentos" da companheira e revelou à piauiense: "Antes de definir minha orientação sexual, fui apaixonado por uma mulher. Pensei que isso nunca mais aconteceria até conhecer você".

Já o jornalista e escritor Jean Willys, vencedor da quinta edição do BBB, declarou em entrevista que não acreditava no sentimento de Marcelo por Gyselle e que o psiquiatra estava jogando para conquistar o público. Para ele, nenhum homem se apaixona por uma mulher em três dias, ainda mais sendo gay! No entanto, Jean também viveu uma relação de forte afeto com a colega de confinamento Tati Pink. Ele disse ter ficado encantado com a nordestina de cabelo bagunçado que falava tudo o que pensava e que num determinado momento percebeu que ela sentia algo mais por ele, mas que eles souberam lidar bem com a situação. O baiano, que tem preferência por relações homossexuais, já declarou que vive histórias "pontuais" com mulheres.

Para corroborar a tese de que romances entre mulheres e gays são possíveis, Aguinaldo Silva, Jean Willys e o ator Thiago Mendonça recorrem à mesma máxima: "Toda forma de amor vale pena".

Na novela *Beleza Pura,* o maquiador homossexual Betão (Rodrigo Lopéz) era um grande amigo de Ivete (Zezé Polessa), dona do salão "Belezoca" e, como não poderia deixar de ser, o personagem tinha muito carisma. Tanto que o ator Rodrigo

Lopéz atacou de conselheiro sentimental na época da novela. Em entrevista ao site *O Fuxico*, o ator contou que recebia inúmeras cartas carinhosas, e muitas, inclusive, de mulheres que tinham um amigo igual ao Betão, que se identificavam com a história. Muitas que se apaixonaram pelo amigo e sofriam porque ele era gay. Outras que desejavam que o marido fosse igual ao melhor amigo: sensível, carinhoso.

No início de *Beleza Pura* ninguém imaginou que o gay Betão teria tanto destaque, mas foi inevitável que o simpático personagem caísse nas graças do público. "Betão é o melhor amigo de todo mundo, não há quem não queira um amigo como ele. Acredito que essa aceitação do público tenha a ver com o apego carismático do personagem", disse o ator na época da novela. Completamente contra a forma caricata com que alguns personagens gays são mostrados na televisão, o ator pediu ao diretor que Betão fosse menos afetado, pois temia que esse trabalho o deixasse estereotipado. E, assim, conseguiu diminuir a afetação do personagem, que pela sinopse chegava a aludir a si mesmo como mulher.

Genes gays em homens deixam as mulheres loucas

Um estudo do pesquisador Brendan Zietsch, da Universidade de Queensland, na Austrália, em novembro de 2008, revelou que o segredo do *sex appeal* está na presença de supostos "genes gays". Quando misturados com genes héteros na medida certa – não a ponto de tornar uma pessoa homossexual, mas o suficiente para equilibrar características dos dois sexos –, fariam uma mulher ou um homem tornarem-se irresistíveis.

A teoria polêmica não saiu da cabeça do pesquisador australiano. Ele apenas tentou comprová-la com dados reais. Associou a orientação sexual de quase cinco mil gêmeos australianos – de ambos os sexos – ao número de relacionamentos que cada um teve. Descobriu que os heterossexuais com irmão ou irmã gay haviam tido mais parceiros durante a vida do que os héteros irmãos de héteros. O resultado comprovaria a tese: os gêmeos de homossexuais seriam mais atraentes porque, assim como os irmãos, teriam uma porção dos supostos genes gays.

A ideia circula entre acadêmicos há dez anos. E é apenas uma das teorias que tentam explicar como supostos genes que determinariam a homossexualidade teriam evoluído. A questão intriga os cientistas porque desafia as leis da seleção natural. Os genes gays deveriam ter desaparecido da população porque homossexuais têm poucos ou nenhum filho – e, portanto, o número de indivíduos que herdam esses genes iria diminuindo com o passar das gerações. A tese mais antiga para explicar a sobrevivência dos genes gays é de que os homossexuais ajudariam a criar os filhos de seus irmãos. Com mais recursos e atenção, esses descendentes teriam mais chances de sobreviver e transmitir os genes da família (entre eles, alguns dos genes gays). Essa teoria anda em descrédito porque os cálculos matemáticos mostram que apenas ajudar na criação dos sobrinhos não compensaria, em termos de propagação de genes, os filhos que os gays deixariam de ter.

A teoria em que Zietsch se baseou pressupõe que os genes gays estimulariam a reprodução da espécie porque aumentariam a atratividade de ambos os sexos. Os homens com uma pequena porção de genes gays seriam mais sedutores porque teriam mais sensibilidade e empatia, características consideradas atraentes pelas mulheres. O que parece um contrassenso, pois elas geralmente são atribuídas ao sexo feminino.

Mas, do ponto de vista evolutivo, essas características femininas nos homens indicariam um bom partido: um pai provedor e atencioso para os futuros filhos, que, por isso, lhes daria mais chances de sobrevivência. Nas mulheres, alguns poucos "genes gays" aumentariam o impulso sexual e a competitividade, o que faria com que elas tivessem mais parceiros e aumentassem suas chances de reprodução. Apenas quando encontrados em excesso em uma pessoa, esses genes a predisporiam à homossexualidade.

Se a linha que separa um gay de um hétero, de acordo com essa teoria, parece tão tênue – uma questão de genes a mais ou a menos –, explica-se por que muitos homossexuais exercem tanta atração sobre as mulheres. O designer de joias escocês Graeme McColm, 36 anos, já cansou de aguentar garotas tentando "convertê-lo" à heterossexualidade. Ele faz o tipo "homem dos sonhos". A começar pela aparência: tem 1,82 metro de altura, cabelos castanhos, olhos azuis e barba cerrada. Diz ter visto uma mulher derrubar café no colo da amiga enquanto passeava pela King Road, um dos endereços mais elegantes de Londres, onde mora. Afirma que foi atacado durante uma festa por uma garota que lhe tascou um beijo, e, sempre que vai a clubes dançar ou a *pubs,* alguma "desavisada" resolve jogar charme. Além dos atributos físicos, McColm ainda é simpático e bem-humorado. Entende de moda, adora arte contemporânea e é capaz de passar horas ao telefone contando com detalhes o último filme que viu no cinema. "Os héteros não são muito românticos e as mulheres estão carentes de atenção. Por isso, homens com características mais femininas ou gays estão sempre rodeados de mulheres interessantes. Mas elas têm de entender que gay nasce gay", afirma McColm, assumido desde os 21 anos.

Será que a causa de tanto *frisson* de algumas mulheres pelos homens gays ganhou sustentação acadêmica?

Capítulo 4

O que podemos aprender com eles? As vantagens de ter um amigo gay

Essa é uma amizade que pode ser muito saudável para os dois lados. Os benefícios são mútuos. As mulheres podem aprender muito sobre o universo masculino, o que os homens desejam, como eles pensam, como eles enxergam o mundo e as mulheres etc. Podem desfrutar de uma amizade do sexo masculino que não signifique sedução ou erotismo.

De acordo com a psicóloga Adriana Nunan, entre algumas mulheres heterossexuais e homens gays é como se o amigo oferecesse uma visão imparcial do "outro lado". Ela diz que os gays masculinos foram socializados como homens e pensam como homens, então, podem dar muitas informações interessantes para as mulheres. Estas, por sua vez, são socializadas para investir em afetos, relacionamentos, elementos aos quais poucos homens (independente da orientação sexual) estão expostos.

O que as mulheres héteros podem aprender com esse tipo de amizade?

As mulheres podem participar de um universo masculino muito menos agressivo e menos ameaçador. Algumas dessas mulheres chegam a ver em seus amigos gays um homem quase perfeito (só não é perfeito porque não as deseja). Mais sensível do que a média dos homens heterossexuais, mais atento às suas necessidades afetivas e um companheiro constante. "Trata-se de uma relação mutuamente enriquecedora e mais simétrica do que a média das relações heterossexuais", explica o psicólogo Klecius Borges.

Talvez os homens não entendam por que algumas mulheres têm certo fascínio por amigos gays. Mas não é difícil, para elas, entendê-los e admirá-los. Segundo essas mulheres, por eles terem corpo de homem e alma feminina, a proximidade é fatal. No fundo, todas as mulheres gostariam que os homens heterossexuais as entendessem como os gays.

Elas dizem que com eles compartilham os desejos, como também discutem como os homens são, em seus diversos aspectos, e elas sempre perguntam a eles se o cabelo está legal, se o vestido não as deixa mais gordas, se o sapato está combinando, se a casa está bem decorada, e eles respondem com atenção, pois realmente entendem daquilo e sabem dar a opinião que as mulheres esperam.

"Não existe convivência com pessoas diferentes que não tragam aprendizado para você" – com essa frase a publicitária Carolina Cunha é enfática ao afirmar que uma mulher pode aprender muita coisa com um amigo gay. Ela nos propõe uma reflexão: pense que ele é um homem que, ao contrário do que escutou a vida inteira, resolveu bater no peito e gritar para todos que ele gosta é de **homem**. Ele não vai dar uma nora para a mãe, ele vai aparecer na festa da família de blusa justa e gel no cabelo. Ele vai andar na rua e ouvir babacas gritando "veado" para o resto da vida, correndo o risco de dar de cara com "nazistas" e apanhar. E ele teve a coragem para tomar a decisão de passar por isso, porque só assim conseguiria ser feliz! Carol diz valorizar isso "absurdamente". Ela pensa se teria essa mesma capacidade se algo dentro dela gritasse que ela não é o que o "senso comum" espera dela. Depois de conviver com pessoas que tiveram essa força, ela se sente mais preparada para ser uma não conformista. E ela sustenta que isso não tem preço.

Para a psicóloga Mara Pusch, em toda amizade o aprendizado

está na troca, no carinho, no respeito. Essa é uma amizade em que se aprende muito com a diferença. Do ponto de vista feminino, **a vida é muito melhor ao lado de homens que gostam de homens e admiram mulheres.** Bonitos, inteligentes, educados e carinhosos com as mulheres.

Como diz a atriz Ingrid Guimarães: "Amigos homens são ótimos, amigos gays são essenciais".

Na opinião de Thays Babo, as mulheres podem aprender o mesmo que se aprende com mulheres e homens heterossexuais. Ela não imagina um "gay genérico". Segundo a psicóloga, nem todos são sensíveis, nem todos são bem informados – é importante não embarcar nessa "glamourização" de que todos os gays são isto ou aquilo. São pessoas, como os héteros ou os bissexuais, e por isso também podem ter suas fraquezas.

As vantagens dessa amizade são muitas

Na opinião de Carolina Cunha, o gay é, simplesmente, uma nova perspectiva para as coisas. Ele não gosta do padrão da sociedade, repudia o "senso comum" (para Carolina, essa é uma expressão que só quer dizer "preconceito"). Assim, o amigo gay não vai fazer com que você se sinta mal porque você é a única da turma que não se casou. Pelo contrário, ele consegue enxergar que seu relacionamento é mais feliz do que o das outras, se for o caso. Porque, para ele, o casamento não significa felicidade, e sim convenção.

A publicitária acha que todo mundo precisa um pouco dessa perspectiva, que é saudável. Além disso, analisando como um grupo, gays são hedonistas. Para mulheres que vivem num ambiente de cobrança, com necessidade de desempenhar um papel social, faz um bem enorme ter com quem fugir. Você pode passar horas bebendo martínis, se jogando na boate, jantando em restaurantes caros e falando de homens com seu amigo gay, sem que o papo caia em "ele me deixou", "ele não me quer", "estou ficando velha e preciso casar". Nada de errado ter essas conversas com as suas amigas, faz parte, mas só isso cansa.

Para Carolina, a vida do gay é totalmente diferente da sua, e essa passagem de um lado para o outro pode lhe dar novas maneiras de enxergar o seu mundo. E ela considera importante destacar o quesito cultura: o interesse que o gay tem (aqui ela se refere a seu amigo em particular) em música, cinema, artes e cultura pop acrescenta muita coisa boa a seu repertório. Um simples episódio de uma série de TV pode virar assunto com seu amigo gay por duas horas. E só quem já teve isso sabe como é bom.

Para a jornalista Giane Gottardi, o amigo gay sabe de tudo um pouco. Ele entende sobre menstruação, fala abertamente sobre sexo. Tem uma visão de mundo completamente diferente de qualquer outra pessoa "normal". Eles são cultos, assim, podem dar dicas de lugares legais para visitar. Leva você para baladas GLS, você acaba sendo cantada por uma lésbica e ele te ensina a tirar de letra.

A atriz Adriana Cubas acha que a vantagem é estar com pessoas sensíveis, honestas, autênticas e muito estilosas. Pessoas que sabem aproveitar o que a vida tem de melhor a oferecer. Para ela, os homossexuais são pessoas que insistem em brincar num mundo cada vez mais medíocre e careta, que pede suas cabeças todos os dias. Eles nos mostram que vale a pena ser alegre, gostar de coisas bonitas, se vestir bem, se sentir bela, por mais que você esteja num dia péssimo, se jogar num show da Madonna, enfim, coisas simples, mas que têm um grande valor.

Aliás, quando Adriana pensa em seus amigos gays, ela vê uma coisa que todos eles têm em comum: são pessoas que sabem, como poucos, transformar um limão em limonada. "Porque não é nada fácil nadar contra a maré. Se as mulheres, que lutaram desde o começo dos tempos, ainda enfrentam batalhas todos os dias, imagine os gays! Apesar de tudo o que passam, o preconceito e, muitas vezes, a violência, eles respondem com alegria às cacetadas do mundo."

Segundo essas mulheres, há uma diferença muito grande entre amigo gay e amiga mulher. Quando você conversa com uma amiga, ela vai ter opinião feminina sobre tudo, relacionamento, estética, sentimentos. Mas, com o amigo gay, você está trocando ideias com um homem, e aí você tem um lado masculino também. Ou seja, é como se ele fosse uma mulher e um homem numa pessoa só.

A administradora Isadora resume o vínculo de amizade com o produtor Rubens, com quem convive há 16 anos. Para ambos, confiança e respeito foram os princípios que contribuíram para o fortalecimento da relação ao longo dos anos. Isadora conta que já foi traída por amiga mulher e acredita que Rubens não faria isso.

O medo da traição por parte de alguém que deveria ser confiável é um dos motivos apontados por Rubens, o grande amigo de Isadora e de tantas outras mulheres, para justificar o grande número de amigas que possui. Ele diz que suas amigas costumam dizer que eles são melhores amigos que as mulheres, mais leais, mas ele não sabe até que ponto isso é verdade. Para Rubens, sinceridade e honestidade estão muito mais ligadas à personalidade de cada um do que à sexualidade propriamente dita. O produtor pondera: "Acho equivocado dizer que os gays são mais sinceros ou confiantes. Esse é um tipo de comportamento que independe da orientação sexual. Sou fiel porque sou amigo de verdade e não porque sou gay".

Especialistas em terapia comportamental afirmam que os laços de amizade entre mulheres e gays podem ser explicados pelo fato de a mulher não enxergar no colega um concorrente em potencial. Ou seja, teoricamente, o amigo gay seria alguém confiável. As mulheres tendem a confiar mais nos amigos gays porque se sentem mais à vontade com eles e podem agir e falar livre e abertamente sobre seus problemas, dúvidas e até fragilidades. Assumir essas dificuldades com amigas as coloca numa posição mais vulnerável, suscetíveis a críticas e julgamentos.

A relações internacionais Luciana acredita que o relacionamento com amigos homossexuais é, sim, muito mais sólido do que o laço entre amigas do mesmo sexo. Seus três melhores amigos são gays. Segundo ela, mulher é "cheia de frescurinhas, umas coisinhas que eu não suporto". Porém, Luciana discorda da ideia muito propagada de que os gays são alegres e vendem sorrisos o tempo todo. Não, não é bem assim. "Eles são pessoas comuns, como eu e você, que choram e têm problemas. Por isso, dividimos momentos tristes e as farras também." Na ocasião da entrevista, inclusive, Luciana preparava-se para assistir ao show de Madonna ao lado de dois de seus melhores amigos gays assumidos e fãs da musa do pop.

Um pouco distante e verdadeira. Assim a professora Alessandra define a amizade com o maquiador e artista José Carlos, o Cacá. Eles se veem pouco porque o amigo anda muito ocupado, mas sempre que se encontram é uma alegria. Alessandra convive muito com grupos gays e tem profundo respeito pela classe. Cacá é um exemplo de amigo que ela quer para toda a vida. A amizade com um gay é muito diferente daquela construída entre mulheres, acredita Alessandra. Ela acha que entre mulheres e homossexuais existe menos interesse, menos intrigas. As amigas mulheres tendem a se afastar com o tempo, após o casamento e a formação da própria família. Emocionada, Alessandra dá o tom da amizade entre ela e José Carlos: "O Cacá é diferente. Ele ficou, recebeu apoio em momentos delicados e também me apoiou em momentos difíceis".

A intimidade existente entre mulheres e homens gays dá-se pela identificação que a representante do sexo feminino encontra nesse companheiro. É a segurança em partilhar algo íntimo e comum para ambos. Do ponto de vista comportamental, é possível afirmar que a compreensão que o homossexual tem do caráter feminino é muito maior do que a oferecida pelo heterossexual, talvez até mais autêntica.

No entanto, essa identificação e a proximidade não são suficientes para colocar em xeque a veracidade da amizade entre pessoas com orientação sexual idêntica. Para o educador sexual Luiz Gonzaga Pinto, os homossexuais têm caráter e honestidade como qualquer outra pessoa. O educador avalia que os gays são pessoas sociais e normais, podendo ter qualidades ou inconveniências morais.

Os elogios do amigo gay são sinceros e espontâneos graças à facilidade que ele tem em relação à estética e à percepção da beleza. Luiz Gonzaga sugere que todas as mulheres deveriam ter um amigo gay para compensar a rudeza e a deficiência perceptual das qualidades que as mulheres possuem em seu íntimo. O homossexual sabe ver e fazer aflorar essa riqueza que existe nos recônditos da alma feminina.

Além disso, o amigo homossexual dá instruções bem específicas sobre como se comportar com os homens. Geralmente, eles dizem que a mulher deve deixar que o cara a corteje por mais tempo, que ela precisa ser mais difícil. Por exemplo: se o amigo gay acha que você deu uns beijos a mais no primeiro encontro, já dá uma bronca. Uma mulher, por mais amiga que seja, não vai saber se você está exagerando, nunca vai perceber se está passando dos limites, mas um homem sabe: essa é a diferença!

Os amigos gays falam a verdade, mesmo que doa. Duvida? Então veja o caso da veterinária Rebeca: Guilherme, seu amigo, já disse na sua cara que um relacionamento estava horrível por culpa dela. Há alguns anos, Rebeca namorava um cara com quem tinha muita intimidade, dormia direto na casa dele, mas não se sentia feliz. Foi Guilherme quem lhe deu um toque; disse que ela e o namorado estavam invadindo o espaço um do outro e que nenhum dos dois tinha vida própria. Ela seguiu o conselho e se afastou um pouco. Resultado: foi ótimo para o casal, pois o relacionamento ficou mais leve.

E não para aí. O amigo também lhe dá dicas de paquera: fala que a mulher é soberana e tem que saber usar seu poder de sedução. Deve estar sempre elegante, bem vestida, mas, ao mesmo tempo, conservar uma aura de mistério. Sobre sexo, ele conta detalhes, diz do que os homens gostam mais na cama, fala sobre as partes mais sensíveis do corpo masculino e explica como aumentar o prazer do parceiro, já nas preliminares. Com Guilherme ela aprendeu a ser mais ousada no sexo e menos desconfiada nas relações.

Ao lado do amigo, Rebeca se sente mais valorizada como mulher. Afinal, para que é que servem os amigos? É certo que ninguém escolhe um amigo em função das suas tendências sexuais, embora a posterior descoberta da orientação sexual do outro possa alterar a amizade para melhor ou para pior. No caso das mulheres e dos homossexuais, esse diferencial parece ser uma vantagem.

Rebeca diz que, como são muito discriminados, os gays contam com uma grande energia interna para se animarem. O bom é que transmitem isso para a mulher e resolvem qualquer situação. Ela conta que uma vez entrou aos prantos na casa do amigo, depois de uma briga feia com um cara que ela namorava havia cinco anos. Guilherme a fez traçar o perfil de homem que ela idealizava, todos os defeitos e qualidades. Rebeca teve de encarar que o cara não tinha nada daquilo que ela sonhava. Terminou de vez.

Guilherme costuma dizer que ela deve preservar mais uma imagem sedutora de beleza e elegância, não apenas para sair, mas também em casa, com o companheiro. E preste atenção, mulherada: aqueles cremes para besuntar os lugares mais estranhos do corpo não precisam ser passados na frente do homem! Eles odeiam isso!

Guilherme tem amizade com muitos homens héteros, que abrem a intimidade e falam coisas reveladoras. São muitos os maridos que reclamam do desleixo de suas mulheres – eles detestam chegar em casa e encontrar a mulher de calcinha, em cima da cama, cortando as unhas do pé. Segundo ele, "não há tesão que sobreviva a uma cena dessas". Os homens também reclamam do excesso de cobrança, da insistência em discutir a relação. O amigo de Rebeca diz que as mulheres precisam deixar as coisas evoluírem naturalmente, sem ansiedade.

E ele conta um episódio em que dá para sentir o grau de intimidade e amizade que há entre os dois. Há alguns anos, ele e Rebeca estavam numa praia gay. Havia um casal de homens perto deles e um dos caras não tirava os olhos de Guilherme. Em determinado momento, o sujeito mandou um recado por intermédio de um amigo. Sem que Guilherme falasse nada, Rebeca interveio e foi logo dizendo que eram namorados. A amiga o livrou de uma saia justa. Ou, como ele mesmo diz, "uma mão lava a outra". Como o cara que o paquerava estava acompanhado, Guilherme deixou passar porque "não gostaria que isso acontecesse comigo".

Nos momentos decisivos de suas vidas, a astróloga Ivy e o bailarino Cláudio sempre ampararam um ao outro.

Para Ivy, amigo é amigo, não há diferença entre gay, hétero ou mulher. Mas a verdade é que, diz ela, com mulher não dá para se abrir tanto. Ela não gosta de falar com as amigas sobre os atributos de um homem, por exemplo, porque acha que aguça a curiosidade. E os amigos héteros, no fundo, querem transar com você. Então é mais fácil falar com o amigo gay.

Ela e Cláudio nunca desgrudaram um do outro. Basta uma troca de olhares para ele perceber que a amiga está infeliz. Só se afastaram um pouco quando ele foi morar nos Estados Unidos com o namorado. Mas, mesmo longe, continuaram a se falar por telefone e e-mail, e ele a visita de vez em quando. Nos momentos mais difíceis de sua vida, ele sempre a puxou para cima. Quando ela ficou grávida de um ex-namorado, foi Cláudio quem lhe deu a maior força e ela decidiu ter o filho e reatou com o namorado por um tempo. Durante a gravidez e depois do parto, no período da amamentação, Cláudio deu muito apoio. Intuitivo, pressentiu que o namoro não ia dar certo, e não deu mesmo.

Esse é um exemplo de uma amizade que é sólida na alegria e na tristeza. Quando ambos ficaram desempregados e com problemas de dinheiro ao mesmo tempo, sempre ampararam um ao outro. Eles adoram se divertir juntos na praia; a brincadeira é ficar olhando quem passa e descobrir quem é e quem não é gay. Ótima companhia para fazer compras, quando Ivy está deprimida, precisando de um shopping, o amigo vai correndo acompanhá-la.

Ao mesmo tempo, Cláudio sabe lidar muito bem com situações do universo masculino, como trocar pneu e consertar tomada. Ela já pediu muitos socorros domésticos e ele resolve qualquer coisa. “Ele tem uma opção sexual gay, mas uma atitude masculina. Isso é muito agradável para uma mulher.”

Ivy se diverte muito entre os gays, frequenta boates e bares GLS numa boa. Acha que eles têm um senso de humor maravilhoso. Confessa que quando fica um bom tempo andando só com gays, acaba pegando o jeito deles. Depois, quando arranja um namorado, tem que se conter, porque homem hétero detesta mulher com trejeitos.

Quando está namorando, Ivy se distancia do universo gay, mas nunca se afasta de Cláudio. Se o amigo está no Brasil, apresenta-lhe o namorado e saem os três juntos. Ela ressalta que não vão a boates gays, porque homem hétero não topa isso. Mas ela revela que os namorados sempre aceitaram bem sua amizade e nunca tiveram ciúme ou inveja de sua intimidade com Cláudio. E ela também não tem ciúme do novo amor do amigo. A amizade está acima de tudo.

Mesmo morando nos Estados Unidos, Cláudio fala com Ivy todos os dias. Quando sente vontade de ouvir a voz dela, pega o telefone e ficam horas conversando. De vez em quando ele vem ao Brasil matar as saudades, já que não dá para ficar muito longe da amiga.

O bailarino precisou tomar a decisão de mudar para o exterior e contou com o empurrão de Ivy. Ela disse que ele precisava correr o risco e tentar a sorte ao lado do novo namorado. Apesar de saber quanto eles sentiriam a falta um do outro, ela queria vê-lo feliz.

A intimidade entre os dois não tem limites e sexo é um dos principais assuntos. Ele sempre diz a ela que as mulheres deveriam ter menos pudor na cama. Não deveriam ser desconfiadas demais, pois isso atrapalha os relacionamentos. Ivy se preocupa com a saúde dele, sempre pergunta se ele usa proteção.

Quando dá sua opinião sobre alguma coisa, Cláudio é muito sincero. E conta que, antes de Ivy engravidar, ela malhava o dia inteiro e não comia nada, com aquela paranoia de mulher que sempre se acha gorda. Como a amiga emagreceu muito, ele pensou que ela estivesse anoréxica. Ele ficou muito preocupado e, um dia, não deu outra: ela foi parar no hospital e ficou três dias no soro.

Cláudio confia mais em mulher do que em outro gay. Não gosta de andar em bando e só gosta de sair com Ivy. Aliás, adora as mulheres. Diz que quando uma mulher dá para ser elegante, é insuperável, em todos os sentidos, nas atitudes, no comportamento. Segundo ele, não há homem, hétero ou gay, que consiga chegar perto.

A atriz Jackie acolheu em sua casa o pernambucano Hildo, produtor de teatro, quando ele não tinha para onde ir. E assim começou uma bela amizade.

Jackie tem vários amigos héteros, mas não fala de sua intimidade com eles. Hildo é um grande amigo e confidente. A atriz diz que homem hétero é péssimo confidente, não tem paciência com os dramas femininos. Já o gay tem paciência, porque ele também é dramático. Quando ela está interessada em alguém, muitas vezes só fala para ele. Jackie já se decepcionou com uma das melhores amigas, que resolveu sair com o mesmo cara por quem ela estava apaixonada. Ela pergunta para Hildo: "fulano, sim ou não?". Dependendo da expressão do amigo, ela já sabe se tem futuro ou não. Ao apresentar o namorado atual para Hildo, sentiu que o novo amor foi aprovado.

Jackie diz que Hildo tem um lado masculino forte e é corajoso em todas as situações. Porém, no lado emocional ele é frágil. Quando está apaixonado, muitas vezes fica fora de seu centro e coloca o poder nas mãos do outro. Quando ela percebe isso, trata de lhe dar logo uma chacoalhada e o traz de volta para o mundo real.

Na hora de desabafar, é no grande amigo que ela pensa primeiro. Falam de sexo de um jeito muito explícito, ela sabe de todos os casos dele e ele sabe dos dela. Confia plenamente nele e sabe que jamais vai comentar seus casos. Ele reclamava que ela saía com homens imaturos e sempre a aconselhava a procurar pessoas que pudessem complementá-la, que sejam do mesmo nível emocional dela. Por isso ele ficou tão feliz quando conheceu seu atual namorado, que é um homem maduro.

Quando chegou ao Rio de Janeiro, Hildo não conhecia ninguém e Jackie ofereceu sua casa e emprestou um dinheiro para que ele pudesse se virar nos primeiros dias. Uma amiga de verdade. Ele se arrisca até a dizer que se não fosse gay poderia se apaixonar pela amiga. Ela lhe dá mais conselhos do que ele a ela. Critica sua possessividade e, também, sua mania de querer transformar as pessoas. Se ele conhece alguém, liga correndo para ela. Se leva um chute, pede colo para Jackie e chora no ombro dela. Liga quando está arrasado e quando está feliz. E quando ela atende o telefone, já sabe pelo tom de sua voz o que está sentindo.

Dez conselhos de amigo

Sexo, intimidade, paquera, namoro ou casamento: os gays têm um conselho certeiro para cada tipo de situação.

1 – Dê mais atenção ao sexo. Experimente mais, explore o corpo dele, capriche nas carícias e exija preliminares: dessa forma, vai ter e dar mais prazer. Não tenha medo de ousar e parecer uma profissional/ prostituta.

2 – Seja mais sincera com o parceiro: fale de suas necessidades e evite fingir felicidade ou prazer. Pense em alcançar e dar o máximo de prazer.

3 – Intimidade não é desleixo: evite coisas como usar touca de banho na frente dele e não ande de avental.

4 – Tente diminuir as cobranças: não dá para manter o clima de romance quando a mulher não para de cobrar atenção, carinho, compromisso etc. Não insista em discutir a relação, pois isso só mostrará ansiedade.

5 – Não seja tão desconfiada. O ciúme pode sufocar o parceiro e acabar com a relação.

6 – Não se entregue completamente, mantenha um pouco de mistério no ar.

7 – Não deixe que a paixão se transforme em insegurança: seja autoconfiante, valorize seu potencial.

8 – Em qualquer situação, lembre que é poderosa e mantenha a elegância, a inteligência e o charme.

9 – Tome cuidado para não invadir demais o espaço do companheiro. Todos nós precisamos respirar.

10 – Deixe a relação evoluir naturalmente: não dá para querer que o relacionamento dure para sempre, quando vocês só tiveram uma noite de sexo.

Capítulo 5

"A figura feminina é reflexo da busca pela identidade do homem gay e sua maior referência" – com a palavra, o amigo gay

Certo dia, Léo Ferreira, autor do blog *Agora... acredita!*, foi consultado por uma amiga: "Por que será que a amizade entre gays e garotas sempre dá tão certo?". Ele chegou a várias conclusões. Exemplo: os gays sabem bem como visualizar o fator problema, identificando a melhor saída a tomar, pois o visualizam como sendo única e exclusivamente da amiga, o que os faz emitir uma opinião de quem está de fora. Assim, o problema do outro sempre parece mais simples de resolver. Nesse caso, eles costumam falar: "Olha, amiga, faz assim e assado, que vai dar certo".

Para Léo, as mulheres nem sempre querem uma opinião para nortear suas ações. Em algumas situações, elas buscam unicamente um apoio, uma palavra amiga, um empurrão, e essas são as mais céticas, que nunca confiariam plenamente no conselho de alguém, por melhor que fosse. E são essas mulheres seguras e sensatas as suas favoritas, pois demonstram ter mais personalidade do que aquelas que fazem o tipo "emocionalmente abalada e confusa".

Ele diz que é senso comum entre os gays a noção de que não existe coisa mais desleal do que amizade entre mulheres. Nada soa mais falso do que aquelas frases típicas da amizade feminina como "Amiga, estou torcendo por você", "Amiga, você sabe que tá certa", "Claro, ele é mesmo um canalha...". Para Léo, o namorado de uma garota vai ser sempre menos bonito que o da amiga, assim como o seu esmalte nunca será tão tendência quanto o *havana* que ela está usando. E o vestido que você comprou achando ser superdescolado é simplesmente coisa de liquidação na opinião dela. E ele alerta:

"Querida, esqueceu aquela linha tênue que divisa os interesses comuns? Mulheres vivem em constante disputa; aquele velho sermão de que uma mulher não se veste para si, nem para um homem, mas sim para outra mulher, vale perfeitamente nessa situação".

Quanto às opiniões sobre relacionamento a dois, Léo diz que o seguinte pensamento é típico de um heterossexual: "Peraí... um gay gosta da mesma coisa que uma mulher, então, o que ele quer mesmo é tomar o cara dela...". Ele afirma que é mentira, porque, apesar de gays e mulheres terem a mesma preferência, ambos têm público-alvo totalmente distinto. Quer dizer, o cara que está com a amiga jamais será o cara que está com ele e vice-versa.

Léo reitera que um gay jamais irá virar a cara para uma amiga simplesmente porque, por acaso, o gato que ela está paquerando é o ex dele. Mas ele tem certeza de que, se o seu gatinho tiver sido um ex de amiga sua, ela vai fechar a cara para você. Segundo ele, amigas, nessa situação, adoram fazer o drama de "traídas pela confiança". E Léo dá uma dica: "Cara amiga, se você está nessa situação, saiba que esse drama todo nada mais é que uma desculpa esfarrapada para terminar uma amizade que já não existia".

Outra (ótima!) que ele cita: diferente de uma amiga sua que está rolando de rir de você pelas costas, por ter engordado mais que uma baleia, e que simplesmente vai te olhar e dizer "amiga, você está ótima!", um amigo gay vai te dizer: "Colega, cuidado, senão nem vai mais poder usar aquele jeans babadeiro, de tão rolha de poço que você tá ficando!".

Léo acredita que os gays aprendem, no dia a dia, a ser sinceros consigo mesmos e com os outros. Aprendem que de nada adianta tanta concorrência, se na hora final o fator decisivo é uma simples questão de química. Já aquela sua amiga sempre terá vencido você, porque pensa que é mais bonita ou mais gostosa que você.

Para ele, os gays aprendem também que nunca se cobiça o namorado alheio – menos ainda se for da amiga! É pior que atraso de vida! Afinal, tem macho pra todo mundo e, não, eles **não** trocam uma amizade por alguém belo, alto, bonito e sensual que os leva para a cama. Ele afirma que eles sabem, **sim**, valorizar verdadeiramente uma amizade – isso quando ela realmente vale a pena!

"Portanto, colega, acredita! A amizade com aquele seu colega gay é babado certo!"

E Léo aproveita para agradecer à amiga Raphaella por ser "seu molde ideal de feminilidade" e fonte de inspiração.

Para Vincenzo Gonzaga, 30 anos, escritor, a questão da amizade entre as mulheres e os gays é muito controversa. Certa vez, ele escreveu o texto "As vantagens que as mulheres têm em ter um amigo gay", sobre mulheres heterossexuais e seus amigos gays, e as reações dos leitores do seu blog foram as mais diversas. Alguns elogiaram, outros criticaram, pois, segundo estes, nem sempre um gay prefere ser amigo de uma mulher.

Leitoras feministas o criticaram muito e alegaram que ele estava sendo machista, pois, na opinião delas, ele estava afirmando que **é necessário** uma mulher ter um amigo gay para ser mais mulher. Alguns gays enviaram e-mails dizendo que ele estava sendo "gay demais", pois ele afirmou que os gays **sempre** têm uma amiga mulher e que somente falam de coisas femininas; já outros homossexuais elogiaram muito e afirmaram que tudo o que ele escreveu é verdade e que eles vivenciam aquelas situações diariamente. Mas outros gays se manifestaram dizendo que não suportam mulheres heterossexuais porque elas os tratam como mulheres.

Algumas mulheres enviaram e-mails dizendo que não suportam gays, pois eles sempre querem dar palpites em tudo. Outras perguntaram se poderiam ser suas amigas, pois gostariam de ter um amigo gay. E há aquelas (muitas, aliás) que pedem conselhos sobre namorados e roupas, entre outras coisas, mesmo sem conhecê-lo.

Vincenzo diz que gosta de deixar bem claro a todos que, mesmo sendo homem e gay, ele é um "feminista de carteirinha". Nasceu em uma família machista que aos poucos foi se abrindo e hoje, diz, entende mais as mulheres. Sua mãe deixou a vida de dona de casa e os três filhos pequenos para voltar a estudar, causando extrema revolta em seu pai, em seu irmão mais velho e nos tios. Mesmo assim, ela continuou a faculdade, se formou e fez um segundo curso. Ele conta que sua mãe passou por muitos problemas e ele sempre viu tudo com muito sofrimento. Hoje em dia eles são grandes amigos.

Quando ele se assumiu gay, sofreu muito preconceito, pois cursava Direito, e, ao contrário do que as pessoas pensam, esse é um dos cursos mais preconceituosos.

Ao iniciar a militância gay, o escritor teve como base a revolução sexual feminina dos anos 1960, que, em sua opinião, na essência é muito parecida com a revolta dos gays. Tudo o que ele escreveu no período de faculdade foi baseado em estudos feministas que suas professoras indicavam, um exemplo da amizade entre mulheres e gays.

Vincenzo poderia citar muitos motivos para explicar a importância de uma amiga na vida de um gay, mas o mais importante para um homossexual, é, segundo ele, o fato de que geralmente as mulheres não têm preconceito quanto à sexualidade deles. "A homossexualidade masculina não atinge as mulheres como atinge os homens", diz Vincenzo.

Quando um gay passa pelo processo conhecido como *coming out* ("sair do armário", vir a público, revelar-se homossexual num mundo hétero), são as amigas que o defendem, que o apoiam, que o encorajam a levantar a cabeça e encarar a sociedade. Ele acha que ambos entendem o que é sofrer preconceito, não no que se refere à questão da aceitação, e sim pelo fato de os homens heterossexuais classificarem as mulheres e os gays como seres frágeis e sensíveis, o que, em sua opinião, é uma ideia equivocada. Esses dois grupos falam abertamente sobre relacionamentos, seus problemas e prazeres. Mulheres e gays analisam melhor seus parceiros e relacionamentos. Vincenzo não diz que ambos são sensíveis, mas sim que sabem muito bem analisar as relações amorosas, diferente dos homens heterossexuais, que comumente não encaram os problemas do relacionamento.

Resumindo: nessa amizade há uma base de apoio para qualquer problema que ambos possam ter com homens heterossexuais.

E uma "melhor amiga hétero"? Ela existe? Vincenzo tem algumas. Ele acha que, como na relação homem gay/mulher hétero não existe o jogo da conquista nem disputa de beleza, acabam por se entender melhor. Suas amigas contam coisas íntimas sobre a vida sexual, pois sabem que nunca haverá interesse por parte dele e por parte dos namorados, já que possuem orientação sexual distinta.

Mas ele também já teve "amigas" que não se importavam com o que se passava com ele, se estava sofrendo por uma decepção amorosa... Simplesmente não se importavam, pois acreditavam que, por ser gay, logo ele estaria com outro homem, o que Vincenzo considera uma visão preconceituosa, já que quando diziam isso estavam indiretamente dizendo que ele era promíscuo. Já as amigas que ele tem hoje o compreendem e acabam tratando-o como amigo mesmo, ou seja, quando elas estão tristes, sabem que podem contar com ele, mas também estão sempre disponíveis para quando ele estiver triste.

O escritor não acredita que a amizade entre uma mulher e um gay seja mais ou menos importante que as demais amizades, mas acredita que ela seja importante em alguns aspectos que não podem ser resolvidos em outros tipos de amizade. Em sua opinião, quando tem um amigo gay, a mulher se veste melhor, sabe escolher melhor um homem e, o mais importante, saberá se seu namorado é gay ou não – devido a algo peculiar que só os gays possuem: o "gaydar" ("radar gay"). É um radar capaz de identificar a distância um cara metido a machão que você achou lindo, mas que na verdade gosta da mesma coisa que você. Isso evita uma possível desilusão e muita dor de cabeça!

E como funciona esse "gaydar"? Vincenzo diz que é difícil explicar ao certo o que acontece. É algo no olhar, como uma telepatia. Ele conta que na comunidade homossexual o "gaydar" tem opiniões divididas. Alguns dizem que é mito e outros dizem que é verdade. Ele acredita que tem "gaydar". Quando olha para outro homem, consegue ver se ele é gay ou não. Por várias vezes, ele achou que estava errado, porém, algum tempo depois alguém lhe contava que o fulano em questão havia se declarado homossexual. O "gaydar" está ligado à empatia. Por ficarem tantos anos escondendo quem realmente são, os gays acabam desenvolvendo esse "radar". Ele compara o "gaydar" com o que sentimos quando olhamos alguém e percebemos algo bom ou ruim.

Muitas vezes algumas amigas pediram a ele que conhecesse seus namorados para dizer se o cara era gay ou não, o que não deixa de ser uma situação constrangedora, mas, como amigo é amigo, é melhor avisar no começo do namoro do que, depois, ser obrigado a contar que está sendo assediado pelo namorado da amiga.

E Vincenzo já foi cantado, e até mesmo sofreu assédio de namorados de algumas amigas. Muitas vezes! Ele diz que os namorados que suas amigas escolhem são realmente heterossexuais (com exceção de um), porém, ele já passou por maus momentos com namorados de colegas suas, ou seja, mulheres com quem ele tem pouquíssima intimidade, as "amigas de balada". Geralmente essas colegas sabem que ele é gay e se encontram somente em bares ou discotecas. Quando elas o apresentam a seus namorados, já de início falam que ele é gay. A partir desse momento ele já nota a mudança de olhares e comportamento deles. Alguns se sentem constrangidos e ele também, pois não gosta quando falam: "Esse é o Vincenzo, meu amigo gay", como se o seu sobrenome fosse "amigo gay".

Por duas vezes ele recebeu cantadas diretas de namorados de colegas. A abordagem foi semelhante nos dois casos. Os caras esperaram que ele fosse ao banheiro e o seguiram. Um deles perguntou sem rodeios se ele toparia sair outro dia, e ao mesmo tempo implorou para que não contasse a ninguém. Vincenzo negou o convite e saiu apressadamente do banheiro. O outro rapaz o seguiu até o banheiro, colocou no seu bolso um pedaço de papel e saiu. Quando foi olhar, no papel havia o número de telefone do cara. Vincenzo nunca ligou.

Ele jamais contou a nenhuma dessas colegas o que aconteceu, pois acredita que se deve ter muita intimidade para conversar sobre esse tipo de assunto. Ele conhece casos em que quando o colega gay conta a verdade – sobre o namorado de uma amiga ser gay (no caso, "enrustido") – ele mesmo se torna alvo de preconceito e brigas, já que a amiga prefere acreditar no namorado e não no amigo. E Vincenzo já passou por esse tipo de situação: quando ele estava no começo da faculdade, notou que o namorado de uma amiga era gay, e, como o namoro era recente, ele decidiu conversar com a garota. Ela ficou louca, o xingou de todos os palavrões e ainda falou para todo mundo que ele era apaixonado pelo namorado dela e queria destruir a relação dos dois. Ele tentou ajudá-la e saiu prejudicado. Por isso, hoje, se ele descobrir que uma amiga sua está namorando um "gay enrustido", com certeza ele se calará e se afastará.

Segundo ele, algumas mulheres afirmam que preferem ter um amigo gay a uma amiga heterossexual, pois ela nunca terá medo de perder o namorado para ele, já que um gay não tem como roubar o namorado dela. Ele diz que essa afirmação é meio duvidosa, pois nem sempre o namorado da amiga é realmente heterossexual. E os casos citados deixam bem clara essa condição.

Ele acredita que mulheres que têm como confidente e conselheiro um amigo gay têm mais chance de encontrar o homem ideal, pois quem melhor do que um gay para entender um homem e uma mulher ao mesmo tempo? "Querendo ou não, tanto o nosso lado feminino quanto o lado masculino estão presentes, então sabemos dizer que tipo de homem combina com você." Ele sempre percebe fidelidade na relação mulher/gay. Não que os gays sejam mais fiéis numa amizade, mas é que eles sabem que "homem tem aos montes", mas uma boa amizade é difícil de encontrar. Para ele, não vale a pena trocar uma grande amiga por uma transa sem futuro.

Vincenzo observa que um fator que também pode aproximar as mulheres dos gays é a competição e a inveja que geralmente há entre mulheres heterossexuais – não com todas as mulheres, mas grande parte.

Ele conta que certa vez ia sair com duas amigas e elas estavam se arrumando, quando uma perguntou à outra sobre a roupa. Cada uma falou que a outra estava linda. Quando uma foi ao banheiro, a outra foi até ele e riu da roupa da amiga. E o mais curioso, ele conta, é que a outra fez a mesma coisa! E elas se julgavam grandes amigas! (Imagine se não fossem!) Quando perguntaram a ele sobre as roupas que estavam usando, ele falou a verdade: "Vocês estão horrorosas!". No momento elas ficaram com raiva, mas depois concordaram com ele.

Entre uma mulher e um gay não há disputa por homens. Se o homem é heterossexual, ele sabe que não vai ficar com ele, então apresenta o rapaz para suas amigas. O mesmo acontece com as mulheres: se elas desconfiam ou descobrem que o homem é gay, fazem de tudo para que o amigo gay o conheça.

Para Vincenzo, em lugares heterossexuais, não há melhor companhia do que a de uma mulher heterossexual. Ele as considera divertidas, não ficam falando de futebol, de carro e, é claro, também gostam de homens. Porém, um grande problema em sair com as amigas são as amigas das amigas que querem ficar com o amigo gay: as marias-purpurinas.

Vincenzo já teve algumas experiências com marias-purpurinas e confessa que é uma situação bem chata. Ele dá um exemplo: para que você entenda melhor, é só pensar em uma lésbica paquerando mulheres heterossexuais. Com certeza a mulher heterossexual se sente desconfortável, pois, se essa é realmente sua opção sexual, nunca irá acontecer nada entre as duas. A lésbica pode até ser uma mulher interessante, mas somente como amiga.

Apesar de não se considerar um homem atraente, ele conta que, geralmente, quando vai a bares destinados ao público heterossexual, é assediado por mulheres. Algumas são discretas e ficam somente na troca de olhares, mas outras são mais diretas e vão até ele para dizer algo. Como ele não tem problema algum com sua sexualidade, abre logo o jogo dizendo que infelizmente nada irá acontecer, pois é gay. Ele admite que é uma situação constrangedora, mas acha que para a mulher é melhor receber um não de um gay do que de um hétero.

Ele passou por uma situação delicada há alguns anos com uma maria-purpurina.

Ele estava na casa de praia de um amigo. Tarde da noite, todos foram dormir. Como havia muita gente, uma garota dividiu a mesma cama com ele, mas o dono da casa avisou: "Fulana, não precisa se preocupar, que o Vincenzo é gay!". Pra quê?! Se ele tivesse ficado calado poderia ter sido diferente, pois a garota abriu um sorriso enorme e disse bem alto: "Amanhã eu te conto se ele é gay mesmo!". Vincenzo levou na brincadeira e foram para o quarto.

Minutos depois, ela se jogou sobre o seu corpo e começou a beijá-lo. Ele tentou delicadamente afastá-la e falou que não aconteceria nada, pois, assim como ela, ele também gostava de homens. Mas não adiantou. A garota foi para cima dele com mais vontade, dizendo que adorava gays e que sentia muita atração por eles! Quando ele percebeu que a moça estava realmente determinada a transar, ele se levantou da cama, pegou o travesseiro e foi dormir na sala. No dia seguinte, quando ele acordou, a garota já tinha ido embora e havia deixado um pedido de desculpas para ele. Depois desse episódio, eles se encontraram algumas vezes em festas, mas ela nunca mais tentou nada.

Visualize a cena: você joga seu amigo em cima do sofá, o agarra e diz que vai fazê-lo homem e pronto! Resultado: muitas gargalhadas. E não passa disso, pois o amigo em questão não é chegado à "fruta". Essas e outras brincadeiras fazem parte de uma grande amizade vivida pela jornalista Ana Paula. Ela sempre se sentiu muito à vontade para brincar assim com seu amigo, para ter com ele um contato físico maior. Essa é a grande diferença em relação aos amigos heterossexuais, com os quais ela jamais teria coragem de agir assim, com medo de que confundissem as coisas. E Ana Paula revela mais uma vantagem desse tipo de relação: "Uma prima minha e um amigo combinavam de dar em cima dos mesmos caras. Se o cara escolhesse ele, era gay e ela não teria chance mesmo, e vice-versa".

E isso é o que geralmente acontece com os gays e as mulheres... São somente amigos, não há um interesse da parte do gay em ter relações sexuais com a amiga. Em alguns casos as amizades terminam pelo fato de a amiga acabar se apaixonando pelo gay, alegando que ele é o único homem que a entende, além de saber se vestir, ser higiênico, não gostar de futebol, ser uma boa companhia para fazer compras... E acabam se esquecendo do que os dois têm em comum: ambos gostam de homens. Então, meninas, o recado está dado: não se apaixone pelo amigo gay! Não misture amizade com atração. Se rolar algo numa noite de bebedeira, com certeza no outro dia será muito constrangedor!

Apesar de Vincenzo afirmar que não há um interesse da parte do gay em ter relações sexuais com a amiga, a situação descrita, que ele define como constrangedora e que pode gerar conflitos, já foi explorada pelo cinema americano: no filme *Sobrou pra você* (*The Next Best Thing*), Abbie (Madonna) e Robert (Rupert Everett) são dois grandes amigos, inseparáveis, íntimos, profundamente devotados um ao outro, com muita coisa em comum: ambos têm uma visão não convencional da vida, são inteligentes, impulsivos e com um terrível azar no amor. Eles fariam um casal perfeito se não fosse por um detalhe: Robert é gay. Em uma noite de muita alegria (e de descuidos), porém, depois de muitos coquetéis e martínis, acabam transando e Abbie fica grávida, o que mudará suas vidas para sempre e também a de Sam, seu filho.

Inicialmente surpreso, Robert logo assume a paternidade e, apesar de manter a orientação sexual, decide morar com Abbie até o nascimento de Sam. Eles tentam acomodar as coisas e decidem criar a criança no melhor estilo "família alternativa". Até que Abbie se interessa por um homem, transformando a comédia romântica num drama que culmina com a disputa judicial pela posse da criança. Apaixonada, ela decide mudar-se para Nova York, levando o filho. Robert revolta-se e disputa na justiça a guarda de Sam.

Madonna revelou ter sido atraída pelo roteiro: "Gostei da possibilidade de participar de um filme que trata da união de pessoas com diferentes orientações sexuais". A cantora e Rupert Everett reproduziram nas telas a grande amizade que mantêm na vida real. Foi o ator, aliás, quem sugeriu à Madonna que regravasse a música "American pie", da trilha sonora do filme. Everett (que é gay na vida real), ao contrário do personagem, não aceitaria ter um filho com a melhor amiga, e declarou: "Não tenho nenhuma intenção de ser pai, muito menos dessa forma".

O filme *Sobrou pra você* é uma história com conceitos que,

dizem, nunca se realizam na vida dos gays e seus simpatizantes. Essas situações apresentam conflitos muito discutidos no cotidiano gay, e principalmente entre aqueles que não compreendem perfeitamente a adoção de crianças por homossexuais. Com muitas cenas cômicas, o filme mostra de forma concreta e racional como uma criança pode ser criada de maneira coerente por duas pessoas cuja orientação sexual não esteja de acordo com os padrões impostos pela sociedade.

O jornalista Thiago Lucas acha *Sobrou pra você* engraçado, mas um tanto surreal. Ele não acredita muito naquilo. Segundo ele, quem é gay sabe que isso não acontece assim. Ele acha que quando o gay curte uma transa com uma mulher e o faz pelo ego (para mostrar uma certa masculinidade), ele usa camisinha. Não é louco de engravidar a mulher. A não ser que seja algo planejado com alguma amiga que também queira.

Algumas mulheres têm fixação por gays por acreditar que podem convertê-los em heterossexuais ou, como elas costumam dizer vulgarmente: "transformar o gay em homem". Para essas mulheres, conseguir transar com um gay é como um troféu, uma forma de inflar o ego, de sentirem-se poderosas perante os homens.

O mesmo acontece quando um gay consegue transar com um homem heterossexual (e isso acontece muito!): é uma forma de poder, uma necessidade de autoafirmação do ser. Para Vincenzo Gonzaga, um homem heterossexual que experimenta uma relação com outro homem não é necessariamente um gay. A curiosidade é intrínseca a todas as formas de sexualidade; assim como uma mulher hétero não deixa de ser hétero porque teve uma experiência com outra mulher, um gay não deixa de ser gay por ter transado com uma mulher. O problema é quando a curiosidade passa a ser rotina... isso já é outra história.

O psicanalista Julio César Nascimento diz que há, sim, às vezes, o desejo sexual de uma mulher pelo amigo gay e que algumas conseguem "ficadas" esporádicas numa balada. Corroborando o que Vincenzo disse, o especialista afirma que "elas nutrem o desejo inconsciente de ser tão atraentes a ponto de mudar a orientação sexual do amigo". Mas Nascimento toca num aspecto que diz respeito ao outro lado: o gay, por sua vez, ao ficar com uma mulher de vez em quando, alivia a culpa de sua homossexualidade, fingindo para si mesmo que pode desejar uma pessoa do sexo oposto. Mas sempre é bom deixar claro que não são todos que sentem culpa de sua condição de homossexual.

Vincenzo não acredita que os gays tenham uma grande importância na vida das mulheres heterossexuais, porém, acredita que **as informações que um gay pode trazer a algumas mulheres podem ser bem interessantes para elas, principalmente na questão sexual**. É como se costuma dizer: "Quem melhor do que um homem para conhecer o corpo de outro homem?". Realmente é verdade, ele diz, pois uma mulher nunca vai saber o que o homem sente numa relação sexual. Ele revela que muitas mulheres acreditam que os homens sentem prazer facilmente. Segundo ele, é fácil ter uma ereção, porém o tamanho do prazer é diferente, dependendo do que a outra pessoa sabe fazer na cama.

Ele cita como exemplo o sexo oral. Depois de assistir a muitos filmes pornográficos, ele diz que ficou perplexo, pois quase nunca a mulher sabe fazer sexo oral como deveria. O mesmo acontece com os homens ao fazer sexo oral em uma mulher. Nem sempre eles sabem, e ele diz que já escutou de suas amigas: quase nunca sabem. Nas relações sexuais heterossexuais há pouca conversa, então um sempre acha que fez bem, mas nem sempre acontece isso. Assim como as mulheres, os homens têm seus pontos de prazer, que podem levá-los às nuvens. Então, aparece o amigo gay e fala abertamente de todos os pontos sensíveis do corpo masculino. "E uma mulher que conhece um corpo masculino como se fosse um homem com certeza conseguirá que ele volte para os seus braços", completa Vincenzo.

Que tipo de dica as amigas heterossexuais mais pedem?

Vincenzo diz que, geralmente, o que elas mais perguntam é sobre como conquistar um homem e dicas sobre roupas. Bem, quanto a conquistar um homem, ele diz que há várias formas... Tudo depende de você mesmo. Se o homem é mais "atirado", a mulher nunca deve mostrar muito interesse. O bom mesmo, segundo ele, é ignorá-lo totalmente, pois com certeza isso chamará mais a atenção dele. Agora, quando o homem é tímido, a mulher deve tomar a iniciativa ou nunca conseguirá namorá-lo.

Outro ponto-chave na conquista, citado por Vincenzo, é o modo de se vestir. Ele afirma que a maioria das mulheres se veste para outras mulheres, ou seja, grande parte compra roupas de dar inveja a qualquer mulher. Essas roupas, ele conta, na maioria das vezes, não chamam a atenção dos homens, principalmente quando se fala em marca. Um homem não quer saber qual é a marca da calça jeans que a mulher está usando, e sim como ela ficará dentro da calça. E bolsas, então... Nenhum homem vai olhar para ver se a marca é Gucci ou Prada. Homem nem repara em bolsa! "A mulher que deseja conquistar um homem através de sua sensualidade deve vestir-se com roupas que realcem partes do seu corpo que são bonitas".

E o que os gays podem aprender com suas amigas héteros?

A mulher, em certos casos, ensina a alguns gays a questão do romantismo e como viver uma relação. Os homens, desde crianças, aprendem como tratar uma mulher numa relação e nunca aprendem como tratar um homem. Vincenzo conhece muitos gays que não tinham relações amorosas estáveis e depois de muitas discussões com suas amigas heterossexuais acabaram vendo o outro lado: que o prazer sexual também faz parte de uma relação amorosa e vice-versa. Não que todos os gays sejam promíscuos (o que, segundo ele, é um mito). A grande maioria é romântica e quer encontrar o seu "gay encantado".

Vincenzo pede muito cuidado com o tratamento que uma mulher dará ao seu amigo gay. Eles são companheiros, sim, mas também tem uma vida. Assim como os gays escutam as amigas mulheres, eles também querem ser escutados. De acordo com suas experiências, muitas mulheres têm amigos gays, mas isso não quer dizer que elas sejam realmente amigas.

Grande parte das mulheres se nega a acompanhar os amigos gays numa balada GLS, pois alegam que se sentem desconfortáveis ou que alguma lésbica pode paquerá-las, e assim, acabam forçando seu amigo a acompanhá-las a um lugar hétero. Para Vincenzo, isso é egoísmo, pois nem todos os gays se sentem à vontade no meio heterossexual. Assim como uma hétero pode se sentir desconfortável com uma lésbica paquerando-a. "Frequente balada gay com seu amigo, saiba dividir. Eu mesmo digo às minhas amigas: um pouco de cada. Num fim de semana vamos a lugares gays e no outro a lugares héteros".

Algumas mulheres subestimam os relacionamentos amorosos gays, ao dizer que não irão durar muito. Vincenzo já escutou muito isso e confessa que dói ouvir uma amiga sua dizendo que seus relacionamentos não duram porque os gays "são assim". Mas ele faz questão de deixar claro que seus relacionamentos duram anos. Ele considera essas mulheres pseudopreconceituosas, ou seja, são preconceituosas quanto à homossexualidade, porém, com medo de perder o amigo gay, fingem que aceitam e, quando chega a hora H, demonstram o que realmente pensam. Outras amigas, ele diz, estão de parabéns, pois o acompanham a lugares GLS, convivem muito bem com seu ex-marido e nunca demonstraram preconceito.

E um fato meio surpreendente: ele também tem amigas que, quando ele se assumiu gay, falaram claramente que odiavam gays e os achavam nojentos. Ele diz que poderia ter ficado com raiva e acabar com a amizade, porém, com muita conversa, elas entenderam o que é ser homossexual e hoje são grandes amigos.

O que ele aconselha a toda mulher que tem um amigo gay é que ela entenda que, mesmo sendo uma amizade maravilhosa, vivem em mundos diferentes. Eles não podem beijar um homem num lugar heterossexual, mas ela pode beijar um homem num lugar homo. Nem sempre os gays podem levar um namorado a um jantar dos amigos de trabalho, mas elas podem. Então, é importante tentar entender esse lado; nem sempre a vida do homossexual é fácil no mundo heterossexual, e às vezes eles precisam estar no meio gay para se sentirem mais aceitos.

Por que muitas vezes os homossexuais têm uma mulher hétero como melhor amiga?

Paco Llistó, 29 anos, jornalista, costuma defender a ideia de que a figura da mulher simboliza tudo o que o homem gay mais deseja nele próprio: feminilidade à flor da pele (sem precisar ser necessariamente efeminado), sensibilidade, senso estético apurado e, principalmente, força, características naturais que diferenciam as mulheres num mundo (ainda) extremamente machista e misógino. Para ele, a figura feminina é reflexo da busca pela identidade do homem gay e, com certeza, sua maior referência.

O jornalista não acha que a amizade da mulher hétero com um gay seja necessariamente mais especial do que outro tipo de relação. Ele acredita que talvez ela seja mais próxima, mais definida, mais íntima. Segundo ele, essa intimidade vem da própria natureza das relações gays: para evitar serem discriminados, muitos gays procuram relações confiáveis, que muitas vezes substituem a própria família. Ele afirma que todo gay se sente à vontade quando está entre suas amigas héteros. Como não são seu objeto sexual, as mulheres estão mais aptas a ouvir suas confidências. "E todo gay conta à sua melhor amiga hétero coisas que para um outro homem – gay ou não – são impossíveis de serem ditas", completa.

Para Paco, a atriz Adriana Cubas, sua grande amiga há dez anos, é muito especial. Ela foi uma das primeiras pessoas para quem ele assumiu sua homossexualidade. Ele acha que na vida de todo gay existem essas relações cheias de simbolismos, porque, muitas vezes, os amigos são como uma família também. Ele e Adriana conversam sobre todo tipo de assunto, e ele tenta, na maioria das vezes, ser sincero com ela, mesmo sabendo que existem "assuntos sagrados" (assuntos do universo masculino, que mesmo uma mulher totalmente inserida no mundo gay teria dificuldades de entender ou discutir), que merecem ser tratados com mais cuidado e atenção.

Mas Paco considera que, por mais que se conheçam há muito tempo, nem todas as suas preocupações como gay podem (ou devem) ser compreendidas por Adriana, que, segundo ele, é uma mulher madura, consciente, inteligente, mas heterossexual. Portanto, assuntos "masculinos" ele prefere conversar com seus amigos gays. E ele ressalta que suas dúvidas e dos amigos gays são universais. E que as mulheres podem ter certeza disso!

Um amigo de Paco costuma dizer: "Com quem a mulher pode

aprender a comprar com mais elegância e saber das últimas novidades tecnológicas? Com seu amigo gay, oras!". Paco acredita que o gay é um importante contraponto – ou até mesmo um complemento – da identidade feminina. É um termômetro para todo e qualquer investimento que a mulher deseje fazer, seja esse investimento amoroso ou financeiro. Normalmente, a sentença final quem dá é o melhor amigo gay.

O jornalista acha que os gays têm muito que aprender com as mulheres, pois elas já estão nessa luta por visibilidade há muito tempo. Ele diz que é impossível entender a sociedade de hoje sem destacar os novos papéis da mulher. "Além disso, de quem mais poderíamos depender tanto? A mulher é nosso porto seguro, a razão de ser o que somos. Também acho que a mulher ganha muito com esse tipo de amizade, afinal, o melhor conselheiro para 'assuntos aleatórios' (dicas sobre moda, beleza e sexo... muito sexo!) de uma mulher vai ser sempre o homem gay."

E, por falar em sexo, o jornalista considera o sexo anal um tema que atiça a curiosidade de suas amigas. Segundo ele, as mulheres costumam pedir dicas sobre lubrificação e brinquedinhos eróticos. Ele responde que sexo anal pode dar muito prazer, desde que feito com carinho, cuidado e higiene. E, principalmente, que para algumas mulheres o sexo anal só é traumático por puro preconceito.

O rapaz diz que nunca foi cantado por algum namorado de amiga, mas acredita que essa situação possa ser uma variável importante na manutenção da confiança entre um gay e sua melhor amiga heterossexual. "É o tipo do assunto que deve ser pauta de discussão entre os amigos e, se isso de fato acontecer, não deve ser evitado, escondido ou camuflado. Naturalidade para falar sobre o assunto é primordial!"

Em relação às marias-purpurinas, Paco considera que elas são produto da extrema idealização que envolve o mundo gay. Para ele, essas mulheres não acreditam que um homem bonito, bem resolvido, charmoso e com uma situação financeira estável possa ser realmente gay. Algumas delas acreditam, inclusive, que, no máximo, o cara é bissexual, como se dissessem: "Ok, ele gosta de outros homens, mas um beijo em uma mulher ele até permite". Ele diz que o que elas não entendem é que um cara lindo e rico pode ser, sim, gay – e **somente** gay!

Paco conheceu várias marias-purpurinas, mas nunca aconteceu nada, ele nunca foi assediado por alguma delas e atribui isso ao fato de que ele não faz exatamente o tipo delas e muito menos esconde sua orientação sexual. Ele ressalta que não tem nenhum problema em dizer que curte apenas homens – e tem a absoluta certeza de que não poderá nunca ser "convertido"!

E em relação ao "gaydar"? O de Paco não costuma ser muito apurado, segundo ele próprio, mas afirma que essa percepção para identificar se um homem é gay existe, sim. Os gays costumam perceber se o outro cara é gay ou não analisando alguns aspectos de seu comportamento, como vocabulário, gestos, modo de se vestir. Mas ele não defende o "gaydar" como melhor forma de investigar a orientação sexual de uma pessoa. Ele ainda acredita no bom senso.

Paco acredita que as mulheres heterossexuais recebem bem os conselhos de homossexuais porque confiam em sua inteligência e bom gosto. E esses conselhos são importantes porque são os mais sinceros possíveis. Segundo ele, os gays não são contaminados por juízos de valor ou qualquer tipo de preconceito. E ele acrescenta que os gays sabem como aconselhar as mulheres, e elas entendem e aceitam seus conselhos de maneira absoluta.

E Paco Llistó trouxe à tona outro personagem que faz parte do universo gay: a "mulher-bicha" ou "mulher-veada". É a mulher, segundo Paco, autêntica, extrovertida, que não tem papas na língua, que não disfarça o que pensa. Divertida, espirituosa, bem relacionada, inteligente e engraçada. Paco cita a cantora Preta Gil – que ele já teve a oportunidade de conhecer – como a tradução mais perfeita da "mulher-bicha" e detentora de todas essas qualidades.

Llistó escreveu um artigo no qual dizia que Preta Gil "é a amiga que todo gay gostaria de ter. E em que, de um jeito ou de outro, todo gay se espelha". O jornalista foi convidado de uma festa de que a cantora foi a anfitriã e, por ter sido tão bem recebido, logo pareceu que eram amigos havia séculos. Ele acha uma delícia ouvi-la comentar sobre fatos curiosos ou polêmicos, e que é ainda mais gostoso vê-la usar gírias típicas do mundo gay. Ele conta que, pelo fato de Preta ser ela mesma, ele se vê um pouco nela e vê também que ela é a síntese do que todo mundo busca em si: a verdade sem máscaras.

Allan Johan, 28 anos, jornalista, acredita que os homossexuais têm uma mulher hétero como melhor amiga devido à liberdade que essa amizade proporciona e principalmente pelo fato de não haver concorrência e a "inveja pesada". Segundo ele, não vai existir aquela situação de um puxar o tapete do outro, roubar o namorado (acontece, mas é raro). Aliás, para ele, namorado de amiga sua é mulher! E ele nunca foi assediado por namorado de amiga, e diz que, se acontecesse, não contaria sobre a cantada, mas alertaria a amiga.

Ainda sobre esse assunto, em sua opinião não há como perceber logo se o cara que está com sua amiga é um gay enrustido. De repente, o que pode acontecer é o cara ter "jeito", mas ele considera isso preconceituoso e, então, prefere não julgar. Mas se o cara tem um jeito "suspeito" ele dá um toque na amiga e tenta descobrir se o sujeito é mesmo gay.

Ele também nunca foi assediado por uma maria-purpurina. Ele atribui isso ao fato de que sempre soube o que queria e deixou isso claro, mas ele sempre ouve, de uma mulher, a famosa frase: "que desperdício...". O jovem revela que tem muitos amigos que transam com mulheres e ainda se consideram gays, situação que para ele apresenta a sexualidade como uma "salada de frutas", mas ele lembra que não há receitas e que cada um faz a sua.

A melhor amiga hétero de Allan é Giane Gottardi, a Gi, que além de vizinha é sua sócia na empresa que estão montando; eles se conhecem há seis anos. Segundo ele, foi "amor à primeira vista". É uma relação de cumplicidade total, em que sinceridade é fundamental. E... se ele é sincero mesmo que doa? Ele responde que "a dor faz parte, até porque os dois sofrem juntos". Para Allan, Giane sabe ser amiga e, assim como ele, sempre foi romântica e espevitada, mas com o passar do tempo ambos foram amadurecendo. Ela sabe respeitar o espaço dele e vice-versa. E o principal, na opinião dele: eles sabem que podem contar um com o outro sempre. "A cada oportunidade a nossa amizade se fortalece de maneira impressionante."

Allan diz que eles aprendem muito juntos. Às vezes servem de espelho, trocam experiências, contribuem em pontos nos quais homens e mulheres são diferentes. Johan diz que, apesar de muitos verem os gays como artificiais, eles são seres humanos, com toda a profundidade e complexidade que existe em nossa espécie. Gays e mulheres héteros exploram os universos femininos e masculinos e descobrem juntos um mundo novo onde o sexo não existe, algo raro hoje em dia.

O jornalista explica que o gay, por uma pressão social e ao mesmo tempo ausência dela, não está preso aos padrões sociais de ser bruto, cortejar, casar, ser fiel, entre outros conceitos de nossa sociedade. A mulher pode aprender a ter equilíbrio, vendo que o mundo não é aquele "aquário" no qual ela achou que estava fadada a morrer. O gay aprende, por outro lado, os valores que ele negou por ser discriminado, proibido de casar, entre outros. Os dois encontram equilíbrio e sobretudo um ombro amigo para chorar nos momentos em que isso é preciso.

Johan diz que, além de acesso livre na sociedade, o homossexual aprende a amar as mulheres de uma forma diferente. Ele admira mulheres de fibra e, principalmente, as supermães. Ele diz que **as mulheres tornam os homens gays pessoas melhores, menos distantes do mundo heterossexual que um dia os excluiu**.

Por que os conselhos dados pelos gays são tão especiais para as mulheres?

Na opinião de Allan Johan, não há ninguém melhor do que o gay para dizer coisas deste tipo para as mulheres:

– Não existe apenas um homem no mundo.
– Aprenda a explorar o seu corpo e a sentir prazer com ele.
– Dieta e malhação são essenciais.
– Nunca deixe que "tombem" (tirem sarro) com você.
– Aprenda a se valorizar.
– Faça "carão" (cara de paisagem) quando necessário e...
– Aprenda a "dar o truque" (saber sair das encrencas, do

tipo “não é comigo”, saber usar o “jeitinho brasileiro” numa situação ruim) quando estiver numa enrascada.

Segundo Allan, as garotas adoram falar de moda com os gays. Nos mais diversos assuntos, elas estão sempre em busca de aprovação, de segurança. Elas sempre perguntam se sexo anal dói – aliás, sobre isso, ele raramente responde, pois considera que cada caso é um caso; mas, geralmente, as dicas são para relaxar, ficar em cima do cara para ter o controle e ter cuidado com as infecções.

A curiosidade delas também gira em torno da vida do gay em si, o que elas devem fazer em determinadas situações, o que ele acha sobre isso ou aquilo, e ele sempre dá uma opinião pessoal, do tipo “se fosse comigo...”. O que ele gosta de lembrar às amigas é que eles, os gays, esperam que elas ajam da maneira como elas são, mas que não haveria problemas se elas agissem de forma diferente. Na verdade, o que ele quer que elas entendam é sobre as consequências de suas ações.

O jornalista diz, ainda, que está na hora de as mulheres ajudarem os gays também a conquistarem os seus direitos, pois elas podem ajudar muito mais a acabar com o preconceito, já que talvez seja essa a maior conquista da amizade entre gays e mulheres. Afinal, ele ressalta, elas dão à luz e educam todos os homofóbicos, juízes e lesgisladores do mundo e, é claro, os gays.

Para Theo Valadares, 23 anos, relações-públicas, geralmente os homossexuais têm uma mulher hétero como melhor amiga por “pura identificação”. A atração pelo sexo masculino os une. E a cultura do gay pode ser bem parecida com a da mulher. Para ele, da mesma forma com que as mulheres fazem projeção de suas vidas em um filme romântico, a mesma coisa pode acontecer com os gays. Ele acredita que há também uma relação de carência da mulher que vê o homem gay como um ser do sexo masculino com o qual ela pode se abrir sobre tudo. “Não há o jogo da sedução no qual a mulher luta para conquistar e ser escolhida pelo homem. Todos esses fatores geram um conforto para ela”.

E essa “pura identificação” ele encontrou na amiga Carolina Cunha, a Lili. Eles se conheceram há dois anos, quando eram colegas de trabalho numa empresa. É o tipo de amizade em que não há segredos, são sinceros um com o outro e conversam sobre tudo. É uma amizade bem aberta porque, segundo ele, os dois sabem que as intenções são boas de ambas as partes. Ele destaca o fato de a amiga ser uma pessoa muito tranquila também, e isso facilita a relação. Tanto que ele só tem qualidades a apontar. E, além de uma natural amizade que possa existir entre um gay e uma mulher, com Lili houve uma afinidade de pensamentos, gostos, humor. Tudo isso contribuiu para a grande amizade que eles têm hoje. Já com outras amigas que não aceitam bem "verdades", ele precisa tomar mais cuidado, e isso acaba sendo chato, porque é uma amizade em que se tem de "pisar em ovos".

Na visão de Theo, a sociedade tornou as mulheres competitivas. Antigamente elas tinham que ter atributos para que um bom marido as escolhesse para o casamento, e isso deixou uma herança que o universo feminino carrega. A amiga mulher pode ser uma ameaça se tentar parecer mais atraente para o seu namorado do que você. Ele acha que isso também evoluiu para o mercado de trabalho e para as relações familiares ou de amizade. Theo também observa que muitas mulheres dizem que preferem trabalhar com homens a fazê-lo com mulheres.

Quando o assunto é competição, os gays sempre dizem que entre um homossexual e sua amiga hétero não há disputa pelo mesmo homem. Mas uma situação delicada e constrangedora que, já sabemos, pode acontecer é, de repente, o amigo gay receber uma cantada ou até mesmo ser assediado pelo namorado da amiga. Com Theo nunca aconteceu, mas ele acredita que é possível, já que essas pessoas podem estar "confusas e com sede de experiências". Para ele, seria uma situação complicada. Ele gosta de pensar que se isso acontecesse ele contaria à amiga e torceria para que ela não achasse que é mentira. Ele considera que seria uma oportunidade de provar se a amizade realmente é para valer.

Alguma experiência com uma maria-purpurina? Theo revela que já aconteceu de algumas meninas quererem uma intimidade além da permitida, mas nunca com tanta agressividade. Pelo que ele já viu acontecer, mulheres como essas ou são muito egocêntricas ou estão passando por um momento complicado em relação aos homens héteros e por isso investem nos gays. Inconscientemente, elas sabem que essa relação nunca vai chegar a lugar algum, mas é uma forma de tentar suprir, ainda que momentaneamente, uma carência. Theo lembra que há gays que ficam com mulheres por curtição. Quando elas também só veem curtição, tudo bem, mas deixar se iludir por um homem gay é bem complicado e pode gerar muito sofrimento e conflitos.

Agora, quanto ao "gaydar", que pode indicar um gay enrustido em potencial, ele diz que é difícil de explicar. Simplesmente acontece. É como um olhar de cumplicidade e identificação: bem natural. Sua irmã, por exemplo, apresentou um namorado para o qual o "radar apitou na hora". Com muito jeito, ele conversou com ela sobre isso e apenas pediu a ela que ficasse atenta. A princípio, ele não gosta de ter certeza dessas coisas. A irmã ainda está com o tal namorado e não levou a mal o toque que ele deu. Ele espera que ela esteja observando.

Theo esclarece que é bem possível ser gay sem saber, sem ter conflitos com a sexualidade. É algo que cedo ou tarde vai aparecer na pessoa e pode ou não ser um processo difícil. Então, sendo assim, ele acredita que muitos caras podem ter namoradas por um bom tempo e de repente descobrir que são felizes com alguém do mesmo sexo.

Theo explica por que um amigo gay pode ser importante na vida de uma mulher hétero: "Há várias coisas que só um gay pode fazer. Como a própria palavra diz (*gay* = alegre), o homossexual carrega um humor refinado e sarcástico que em muito agrada à sensibilidade da mulher, o que poderia ser de grande ajuda em momentos em que ela está triste". Ele diz que os gays podem mostrar a importância da independência financeira e de lutar para conseguir as próprias coisas sem depender de um marido para isso, e ainda mostrar o lado bom de ser solteiro, entre outras coisas.

O que um pode aprender com o outro? Na opinião de Theo, podemos aprender com pessoas diversas, independente do gênero ou da identidade sexual. No caso do gay com a mulher, ele acredita que haja uma identificação no propósito de ambos, pois esses grupos tiveram de quebrar barreiras no passado e ainda estão em processo de afirmação. A mulher lutou por independência, o gay por aceitação. São duas classes oprimidas que resolveram se unir e ter um **código afetivo para amizade**.

O que a amizade de uma mulher hétero pode acrescentar aos homossexuais? Valadares acha que amizades de heterossexuais em geral podem ser valiosas para os gays. Mostra acolhimento e aceitação. Gays tornam-se resistentes com os ataques e as repressões que sofrem ao longo da vida. Segundo ele, "a amizade com uma mulher heterossexual permite que o gay se desvincule um pouco dos guetos, do mundo gay, e passe a se sentir mais parte de um todo".

Ah... E os tão famosos conselhos dados pelos gays, por que são tão levados a sério e seguidos à risca pelas mulheres? Novamente, Theo acredita na identificação. Outro fator pode ser a intensidade com que os gays encaram as coisas da vida. Trabalho, relacionamento amoroso, amizade. Isso pode fazer com que amadureçam rápido e tenham uma visão ampla e inteligente das situações. Com certeza uma mulher se beneficia disso.

Falando em conselhos, qual a dica sobre sexo que as amigas héteros mais pedem? Theo revela que o sexo anal é, sem dúvida, sobre o que elas mais perguntam, pois é algo de que os homens gostam, e, para aprender a satisfazê-los, elas geralmente pedem dicas para os gays. Diante da questão, ele conta experiências suas, mas sempre ressalta que o sexo anal é mais prazeroso para o homem do que para a mulher. Tanto faz se o cara for ativo ou passivo. O ativo, por questões óbvias, o passivo porque tem massageada a próstata durante o ato. E isso as mulheres não têm.

Ele procura sempre enfatizar para suas amigas que o segredo para um bom sexo é ter uma relação boa, que permita explorações durante o ato. "A mulher pode ter prazer durante o sexo anal. Basta se explorar mais e ter muita vontade de agradar ao parceiro."

Para Thiago Lucas, 27 anos, jornalista, os homossexuais não têm apenas uma única amiga heterossexual, e sim muitas. Para ilustrar sua afirmativa, ele cita o próprio caso. Desde o colegial ele sempre ficou meio sem jeito perto dos garotos. Isso mudou muito, mas já naquela época ele se aproximava mais das meninas porque se sentia mais à vontade e menos cobrado em relação à sua sexualidade.

Ele lembra o fato de que meninos expressam sua sexualidade mais claramente do que as meninas, e em nossa sociedade é mais aceito isso no sexo masculino. Já as meninas sempre foram mais reprimidas sexualmente. E, quando menino, ele não queria lidar com a situação – a descoberta de que preferia rapazes a garotas –, e talvez por essa razão fosse mais confortável estar entre meninas do que entre os meninos. Não havia tanta exploração da sexualidade num grupo de garotas como havia num grupo de garotos.

Baseado nisso, diz Thiago, pode-se entender por que a amizade do homem gay com uma mulher hétero pode ser muito especial e até mais forte do que outro tipo de amizade. A partir dessa compreensão, é natural que o jovem gay desenvolva laços mais estreitos com as mulheres. Ele acaba se aproximando mais de uma ou de outra, com quem mais se identifica, e então a amizade fica cada vez mais profunda e sincera. E ambos se entendem e complementam partes que para um pode ser um enigma, enquanto para o outro é algo óbvio, pelo simples fato de serem de sexos diferentes.

Para o jovem jornalista, as mulheres, às vezes, não entendem como os homens podem ser tão indiscretos ao olhar. Em defesa do sexo masculino, ele diz que isso se dá simplesmente pelo fato de eles serem mais visuais, mais estimulados visualmente do que verbalmente, caso das mulheres. Basta ler os estudos sobre nossos ancestrais. São características que muitas vezes herdamos.

Em se tratando de sexualidade, Lucas acha muito saudável tentar unir e não segregar, o que emburrece e limita as pessoas, e as deixa despreparadas para as complexidades da vida, que está cheia delas.

Thiago acha que muita gente que transita entre ambas as sexualidades (caso dos bissexuais) o faz porque oscila em função do ego. Ele mesmo já esteve com homens que são gays e, segundo ele, ótimos na cama, que gostam de se relacionar com homens e assumem a identidade gay, mas se estiverem numa festa e forem cortejados por uma bela mulher eles "seguem o cortejo" e, se bobear, vão até o fim – pelo simples fato de poderem dizer que levaram uma mulher para a cama. Como se isso fosse um status a mais entre os gays, o que ele considera "muito doido", porque pode estragar muitas relações.

Ele mesmo já saiu com um cara que se dizia gay e que transou com mulher, e o sujeito perdeu muitos pontos com ele. E Thiago questiona: "E o que são pontos perto de uma sociedade que vive de aparências e adora ostentar, não é? Esse é o mundo em que estamos hoje. Meio triste, mas é fato, e é bom sabermos que muita gente age assim. Claro que pode ser que o cara realmente curta o lance, mas já notei que muitas vezes é apenas inflação de ego".

E por que um amigo gay pode ser importante na vida de uma mulher heterossexual? Ele acha que é pelo fato de às vezes eles, os gays, terem o olhar do sexo masculino. Independente de gostarem de homem também, eles vivem o sexo masculino, agem da mesma forma em muitas situações e respondem aos mesmos estímulos quase sempre.

E pelo fato de "viver o sexo masculino", de ter a "visão masculina" das situações, o amigo gay pode dar muitas dicas para suas amigas, ávidas, principalmente, por conselhos sobre relacionamentos. No caso de Thiago, o que mais ele ouve é sobre se ela deve ou não ligar para o cara, quando é que a mulher deve agir. Ele diz que não há regra e que cada caso é um caso. Se ela sente que o cara não agiu porque ele tem baixa autoestima ou porque não sentiu confiança nem "terreno" dela para que entrasse, então ela deveria dar "mais bandeira" e fazer o primeiro ato, como, por exemplo, ligar para deixar claro que ele tem chance. Agora, se o cara não estiver muito a fim, aí é "furada"; melhor apagá-lo da lista para não ficar se sentindo mal depois. Não é fácil, mas ele afirma que tem que ser assim. E dá uma dica:

"Tem um livro (que agora virou filme) que me ajudou muito e que é de fato libertador. Chama-se *Ele simplesmente não está a fim de você* (*He's just not that into you*), que li em Nova York. O filme é mais leve do que o livro, por ter alguns casos com final feliz. Mas esse não é o foco do livro, que quer apenas mostrar com a maior clareza possível que, se o cara estiver a fim, ele vai deixar isso bem claro. Então esqueça as desculpas do tipo 'ah, mas vai ver ele tá com medo de levar fora' – todo mundo sabe que os homens se recuperam com uma facilidade invejável de qualquer fora. Eles partem para outra num estalar de dedos. Outra desculpa: 'Vai ver ele perdeu meu telefone' ou qualquer outra bobagem... O fato é que, se ele estiver a fim, ele vai chegar até você. Acredite nisso e siga adiante".

E no filme há uma cena em que dois gays conversam com uma das protagonistas durante uma festa. A garota está confusa com os sinais ambíguos que os homens vivem lhe enviando. Como saber se um cara realmente está interessado? Os gays riem, e, com um pouco de pena, explicam que entre elas é tudo muito mais fácil: "Você cruza o olhar com alguém. Aí conta: um, dois... se ele olhar para o outro lado, já era. Passou de três segundos olhando, sim, ele ESTÁ a fim de você!".

Mas, quando a mulher já sabe que o cara está interessado e ela quer saber se pode tomar a iniciativa, por exemplo, num encontro, a primeira coisa que Thiago quer saber da amiga é se ela quer o cara para algo sério. Porque, nesse caso, a coisa tem que ser muito bem pensada, pois em sua opinião tem cara que ainda é babaca a tal ponto que pensa duas vezes se vai seguir em uma relação com uma mulher só porque ela transou com ele logo ou porque ela foi "fácil". "Acho isso coisa de gente fraca, porque quando quero, eu quero e ponto! Nada me tira o cara da cabeça! Mas muitos homens não são assim e eles ficam achando que ela vai sair por aí dando pra outros como deu para ele. Pura falta de segurança. Ele deveria confiar mais no seu taco e apenas pensar que ela o curtiu tanto que não deu pra segurar, porque é fato que se o cara fosse um erro não teria rolado nem um beijo. Esses caras... (risos)."

E quando uma amiga de Lucas está "a perigo" e ela conhece um cara com quem sabe que não vai rolar nada, mas que pode haver uma boa química sexual, ele manda partir para cima, já que para ele a vida é curta e uma boa diversão a dois pode ser incrível. Ele acha que vale para ambos os sexos. E que a mulher não precisa saber muito do cara, nem nada. Apenas saber que há química para isso. E se precaver sempre, usando preservativos!

As amigas de Thiago costumam pedir orientações, umas

dicazinhas, sobre como se comportar na cama, o que fazer para deixar os namorados loucos...? Ele diz que nunca aconteceu, pois acha que elas ficam meio acanhadas de perguntar essas coisas. E ele acha que mulher não costuma ser tão sexual assim... Salvo raras exceções. Elas pedem mais dicas como, por exemplo, se devem ligar para o cara ou não, se devem insistir, se devem demonstrar interesse ou não... Ele diz sentir muito não ter amigas **mais sexuais**, ninguém no estilo Samantha, de *Sex and the city*, e que, aliás, se tivesse uma amiga como ela, seria ele quem iria pedir dicas!

O que ele já esclareceu para uma amiga foi o porquê de os homens sentirem mais prazer com o sexo anal do que as mulheres, e também tenta explicar como é que não dói em homens. Muitos adoram e sentem muito prazer. E, ainda, como alguns homens até atingem o orgasmo e ejaculam sem nem se masturbarem, apenas sendo penetrados. Com essa amiga ele falou da anatomia masculina e do fato de eles possuírem a próstata e muito mais terminações nervosas na área anal que as mulheres. Daí o fato de muitos homens curtirem "uma passada de mão lá", em diferentes intensidades. Ele confessa que não dá para negar o prazer e que isso só ocorre quando a força social e o preconceito são tão fortes que reprimem a sensação física. Nesse caso, ele diz que deve ser feito um "trabalhinho de terapia" antes. E, ainda assim, infelizmente, muitos acham que vão virar gays se a mulher acariciar suas bundas!

O próprio Thiago diz que chegou a fazer terapia, mas por breves períodos, por causa de uma síndrome de pânico que teve em 2000. Depois, em 2005, ele retornou às sessões por pouco tempo, por vontade de seu pai, e para não contrariá-lo, topou. A terapeuta achava que ele podia mudar sua sexualidade e que ele era gay porque sua primeira experiência sexual havia sido com um homem. E como o corpo tende a repetir e buscar o que é bom ou o que ele já conhece como fonte de prazer, ele então, na visão dela, buscava encontros com homens por essa razão. O que ele acha uma besteira. Thiago gostava das sessões porque a analista era uma senhora inteligente e eles trocavam muitos textos e conversavam bastante. Mas ele deixava claro que não ia tratar das questões que ela achava importantes, e sim do que ELE achava.

E quais questões eram essas? Sobre sexualidade. Como seu pai era quem estava pagando e ele também fazia terapia, a terapeuta queria ver essa questão da sexualidade. E foi nessa época que Thiago se envolveu com uma garota por três meses; ele acha que foi para provar que não daria certo. Foi bom, mas não era a mesma coisa do que com homens, e ele se envolveu com a garota também porque quis. A reação de seus pais no começo foi meio complicada. Depois eles se acostumaram. Ele acha que os pais sempre souberam, e diz que os últimos a saber, ou a querer ver, são eles mesmos, os próprios gays.

Para Thiago, o mais rico na amizade entre mulheres e gays é a possibilidade de ver a situação por outro ângulo. E o interessante é que, às vezes, eles também podem aprender com elas. Ele cita a força das personalidades, que independem da sexualidade e do sexo, algo humano e sempre importante nas relações.

Às vezes, ele percebe que pode estar se esforçando por um objetivo sem futuro, no caso de uma relação com um cara que simplesmente não vai nunca estar "nem aí" para ele. Pelo simples fato de o cara não estar interessado. E, às vezes, um olhar de fora ajuda muito. Certa vez ele estava tentando se acertar com um cara e uma amiga lhe disse: "Thiago, não entendo como você está tentando tanto por ele. Ele nunca foi o cara certo desde o começo. Tudo o que ele diz e faz vai contra todos os seus valores". Nesse momento, então, ele "acordou", graças a esse toque de uma grande amiga hétero.

E com sua melhor amiga hétero ele não tem segredos. Contam tudo um para o outro e ela lhe fala coisas que não fala para sua melhor amiga, talvez por causa de inveja, ele acredita. Ele é sincero com ela, mas nunca precisou falar algo que fosse machucá-la. Mas ele já chamou sua atenção quando ela insistia em não esquecer um cara que partiu seu coração. Para ele, foi duro vê-la relutar para curar aquela ferida, até porque ele via que ela podia superar a dor. Mas, ao mesmo tempo, ele a respeitava porque, acredita, o nosso tempo não é o tempo de outro e sentimentos têm um tempo muito próprio.

A grande amiga de Thiago Lucas é Gabriela Carvalho, 34 anos, jornalista – os dois, segundo ele, estão muito próximos ultimamente e trocando "altas confidências".

Segundo Gabriela, os homens não têm tanta reserva em relação aos assuntos sexuais, e isso a deixa mais à vontade para conversar detalhes com Thiago. As amigas costumam ser mais reprovadoras e críticas. Para a jornalista, a grande vantagem de ter um amigo gay é que, mesmo que a procura seja por parceiros do mesmo sexo, cada um identifica e define seu território, respeitando o momento e o espaço do outro.

Ela também aponta a ajuda do amigo gay para a mulherada enxergar as paranoias, principalmente sobre aquelas ilusões que as mulheres costumam criar em relação aos homens. Como exemplo prático, o amigo Thiago a levou para assistir ao filme *Ele não está tão a fim de você*, justamente para ela ficar atenta aos fatos que são retratados no filme e, a partir daí, ficar esperta, ou seja, tudo o que ela precisava naquele momento. E ele ainda emprestou o livro que deu origem ao filme!

Se Thiago costuma dar conselhos sobre homens e sexo para Gabi? Sim, e ela costuma segui-los. Um exemplo é em relação ao comportamento masculino no início da relação. Ela diz que as mulheres têm uma forte tendência para fantasiar as coisas e Thiago lhe dá um "choque de realidade", como acontece quando ela acredita nas desculpas (esfarrapadas!) de um cara para seu repentino sumiço. Principalmente se ela estiver num momento de carência. Ela conta a situação para Thiago, que logo de cara diz para ela não se iludir, porque o cara não está interessado em ter uma relação mais séria, que ela vai perder tempo, é só sexo. Dessa forma, ela para de fantasiar e consegue ficar mais realista.

Gabriela diz que as mulheres precisam dessa sacudida. Nem sempre uma amiga consegue ser tão direta, já que também passa por esse conflito, então, o amigo gay pode dar esse *feedback* por ter a visão do comportamento masculino. Como ele foi criado com base no universo masculino, adquiriu costumes e age como o ser masculino. Mesmo as relações entre gays sendo tão livres, eles conhecem o modo como um heterossexual age, e isso ajuda muito, já que esclarece os mitos e nos ensina a lidar melhor com os homens. Por outro lado, ela conta, a sensibilidade de Thiago (e dos amigos gays em geral) faz com que ele mostre, sutilmente, como enxergar seu verdadeiro valor.

Gabi terminou há pouco mais de um ano uma relação de nove anos. Chegou até a ficar noiva. Sua amizade com Thiago se fortaleceu quando ela ficou sozinha. E ela afirma, com toda a certeza, que ele a ajuda (e muito!) a se defender das armadilhas amorosas. Ela ficou mais segura e direta. Aprendeu a agir pensando primeiro nela e a enxergar o outro (homem) como ele realmente é, sem ilusões.

Para Gabriela, a amizade com Thiago ajuda a ter outro ponto de vista na forma de levar a vida. Ela está aprendendo a ter mais atitude e a ser mais direta nas questões sentimentais. Ele a ajuda a "sair do molde", a não ter regra para tudo. Ela explica que, como em uma relação homossexual há os dois lados (ativo e passivo), essa vivência do amigo gay acaba ajudando as mulheres a expandir as possibilidades, a se permitirem, a ousar, a viver sem se tolherem tanto. Ela, por sua vez, passou a ser mais verdadeira consigo mesma e mais autêntica em suas relações.

E o que se pode tirar dessa amizade? Para Gabi, além das boas risadas e momentos de intimidade, ao compreender melhor o universo masculino, entramos no "Clube do Bolinha" pela porta da frente. E ainda aprendemos a ser mais espontâneas e diretas, o que não é fácil, visto que a sociedade em que vivemos ainda é muito machista e preconceituosa. Determinados comportamentos femininos ainda são repreendidos (por exemplo, a mulher que toma iniciativa ainda assusta os homens). Com Thiago, Gabi pode ser sempre transparente, agir do seu jeito, em qualquer situação, sem ser recriminada.

Lucas aponta a sinceridade como a razão de os conselhos dados pelos gays serem tão especiais para as mulheres, e, como gays, eles não suportam muito fingir. O jovem revela que eles passam, na maioria dos casos, ao longo da vida, ou pelo menos no começo dela, fingindo muitas vezes. Ou talvez também pelo fato de ser um olhar masculino, livre das repressões que as mulheres sempre sofreram em nossa sociedade. Em seu modo de ver, isso os ajuda muito a ter opiniões mais enfáticas e diretas.

As mulheres também sabem da dificuldade deles, os gays, em se relacionar com o mesmo sexo com que elas se relacionam. Mas no fundo ele acha que o que pesa mais é o fato de ser um olhar masculino sobre as dificuldades, os mistérios ou qualquer coisa dessa natureza. Ele realmente acredita que isso vai sempre existir, já que as relações humanas nunca foram fáceis.

Em sua opinião, sempre haverá turbulências nas relações e, em alguns casos há, sim, parcerias mais felizes e duradouras do que outras, e hoje estamos entendendo como isso pode acontecer. Thiago relaciona esse fato aos estudos de comportamento dos últimos anos e à globalização, que comprovou que muitos comportamentos são humanos e estão presentes em diversas culturas e sociedades. E o melhor de tudo isso é que não separa gays de heterossexuais, ele diz, mas apenas os coloca em pé de igualdade na questão dos relacionamentos humanos. Para ele, estamos todos querendo ser amados e ter relacionamentos mais satisfatórios, e não por acaso as amizades ganharam tanta importância nos últimos anos.

Thiago, que como jornalista foi responsável pela seção "Pergunte ao Amigo Gay" da edição brasileira da revista *Women's Health*, por quatro edições, respondia às perguntas das leitoras sobre variados assuntos. Uma dessas perguntas era sobre a questão da atração de mulheres por homens gays, e também quanto ao fato de algumas mulheres não perceberem que seus homens podem ter tido uma experiência homossexual – e isso, segundo Thiago, não define a sexualidade de ninguém. O próprio Thiago já teve experiência com mulheres e isso, diz ele, não o fez ser menos gay. Veja, a seguir, a reprodução da pergunta e a resposta de Thiago.

Leitora: *Tenho um amigo gay. Somos próximos, já dormi na casa dele várias vezes, viajamos juntos e nos falamos todos os dias. Uma vez o ouvi dizer baixinho que me ama. Amigo gay, você, que entende do babado, acha que ele pode ter mudado de ideia?*

Thiago Lucas: *Bom, primeiro sou obrigado a lhe dizer que existem babados e babados. Ou seja, o campo da sexualidade é mais vasto e complexo do que possamos imaginar. Pode ser que ele seja gay e sinta forte atração pelo mesmo sexo e talvez essa seja sua essência, ponto final. Mas o fato é que isso não o exclui de algum dia querer experimentar o outro lado. Pode ser excitante para ele, uma vez que estaria exercendo sua masculinidade ao máximo, de certa forma. Falo isso de cadeira. Ou melhor, de cama (risos). Portanto, agora que você sabe das possibilidades, pense se você estaria ok com uma simples experiência, caso alguma coisa rolasse e não fosse além. Não crie expectativas, apenas fique atenta ao que ele possa querer e esteja sempre ciente de sua sexualidade ambígua. Se por acaso sentir um clima em que você e ele estejam na mesma direção, se acha que pode lidar com isso, siga em frente. Apenas lembre-se de que somos seres complexos e que uma coisa não exclui a outra. Já ouviu falar do Relatório Kinsey sobre a sexualidade masculina, feito em 1969-70, com 16 mil americanos? Ou no de Shere Hite, de 1981? (*O relatório Hite sobre a sexualidade masculina*), em que 7 mil homens foram entrevistados? Ambos confirmaram que cerca de 40% dos homens, que em sua maioria se tornaram heterossexuais na idade adulta, tiveram relações homossexuais com outros rapazes quando eram meninos ou adolescentes, enquanto muitos homossexuais nunca haviam tido. Portanto, não se baseie por um ato ou atitude isolada, pois ela não define uma pessoa. Outra boa dica antes de tomar qualquer atitude: alugue os filmes* Kinsey – vamos falar de sexo *(2004) e* A razão do meu afeto *(*The object of my affection *– 1998). Ambos retratam muito bem a homossexualidade e a bissexualidade de forma realista, o que pode ajudá-la bastante.*

Atualmente Thiago esclarece as dúvidas das internautas sobre o universo masculino, sexo e comportamento na coluna "Meu Melhor Amigo Gay", do site *Pimenta Chic*, como por exemplo:

Internauta: *Me interessei por um rapaz que estuda comigo na faculdade. Como é que eu faço para saber tudo a respeito dele e ainda me tornar uma pessoa interessante sem parecer que estou dando mole descaradamente?*

Thiago: *Nessas horas é que um amigo hétero cai muito bem. Ou um amigo gay, mas que não chame tanta atenção e que não deixe pistas de que é muito ligado a você. Isso porque você pode usá-los como "detetives por encomenda". Mas, supondo que não tenha nenhuma dessas opções, tente usar alguma amiga mais atirada, que não se importe com o que os outros vão pensar, e peça a ela então para colher dados sobre o rapaz. Acho que a primeira coisa a saber é se ele é comprometido, para você não entrar numa furada. Dado o sinal verde, tome as rédeas da situação e confie no seu charme. Autoconfiança nessas horas é fundamental para você tomar o leme do barco e deixar as águas rolarem, mas sempre de olho na direção. Ou seja, demonstre interesse sem medo. E veja o que acontece. Se ele também estiver interessado, vai pedir mais. Se não, dê uma volta na faculdade. Tenho certeza de que há outros rapazes interessantes. Uma dica: tente cursos diferentes do seu.*

Internauta: *Minha amiga desenvolveu uma "grande" amizade com meu novo namorado. Sempre quando saímos, conversa horas com ele e, ainda por cima, manda torpedos dando notícias da vida dela, sendo que só para ele, e não mais para mim. É possível que ela esteja apaixonada? Ou é só amizade mesmo? O que faço?*

Thiago: *Claro que é possível! Mas, de qualquer forma, pode ser um interesse apenas por parte dela. Sugiro tentar sondar se ele responde às investidas dela. Caso responda, pense se vale mesmo a pena arriscar essa amizade por ele. Ou se sua amizade vale o risco da perda do seu namorado. Ou, ainda, se algum dos dois merece sua confiança e respeito. Analise com cuidado e siga seu coração. Uma amiga de verdade contaria a você, caso algo mais estivesse rolando. Ou nem deixaria isso acontecer. E um namorado bacana e que se preze não dá mole para a amiga da própria namorada. Reflita sobre os dois e não se submeta a nada que vá contra seus sentimentos e valores.*

Internauta: *Sou casada há três anos, porém, no último ano, eu e meu marido deixamos de ter a mesma sintonia de antes. Quase não temos relação sexual e, devido ao trabalho, quase não* *nos vemos. O que posso fazer para reacender a paixão do início do casamento?*

Thiago: *Em todo relacionamento os sentimentos se transformam. O que não quer dizer que seja para pior, apenas que as coisas mudam. Reavalie o que você quer nesse momento. Talvez vocês não estejam muito em sintonia por estarem percebendo que há coisas mais importantes e que merecem mais atenção. Talvez seja algo relacionado à carreira, ou aos amigos, ou você sente falta de cuidar mais de si mesma. Ou os afazeres e responsabilidades do dia a dia levaram vocês a se afastar um do outro. De qualquer forma, reflita sobre isso. E, se não chegar a uma definição e ainda estiver em dúvida, converse com seu marido e tente ver isso com ele. Se há alguém que pode ajudar nesse caso, é ele, o homem. Comunicação é fundamental em qualquer relacionamento. E, se não se sentir à vontade para isso, bem, aí é um ponto importante no qual você já pode começar a trabalhar. E uma boa comunicação com ele pode ser um ótimo recomeço.*

Internauta: *Conheci um cara pela internet e já conversamos virtualmente há dois anos, e agora ele me convidou para sair. Só que descobri que é casado, mas agora já estou apaixonada e não consigo esquecê-lo. Sei que é errado, mas não consigo evitar; na verdade, se tornou uma fantasia. Será que continuo essa brincadeira?*

Thiago: *Cuidado com essas fantasias que nosso imaginário romântico nos planta. Enquanto não conhecemos a pessoa de fato, ou seja, não convivemos com ela e não a conhecemos na vida real, muitas vezes projetamos nossos ideais românticos nessa outra pessoa, e isso pode ser muito complicado e arriscado emocionalmente falando. Você pode criar uma pessoa que na realidade não existe, apenas baseada no que você imagina que seria. Nesse caso, sendo ele casado, a coisa é ainda pior. Apenas faça um exercício de se colocar no lugar dele. Ele é casado? Pode ter ou não filhos? Mas já vive um relacionamento com o qual está comprometido. Não acha que há o risco de ele querer se manter nessa zona de conforto? Que no caso de vocês é a internet, onde ele se mantém anônimo, sem se comprometer em nível algum?*

Internauta: *Não aguento mais estar sozinha e ouvir as amigas reclamando que o mercado está difícil, que não tem homem no pedaço etc. etc. Quero muito arrumar um namorado bacana, "do bem", que queira de fato investir numa relação. Já não sei mais o que fazer, aonde ir, como pensar... Você tem algum conselho?*

Thiago: *Sei bem como se sente. Afinal, quem não sabe?... rs. Mas acho que amor, relacionamento, é de fato como uma bendita borboleta. Parece que quanto mais se tenta capturá-la, mais ela se torna difícil de alcançar. Tanto que quando você relaxa e fica na sua, ela vem naturalmente, podendo até pousar bem no seu ombro. Então, acho que antes de sair por aí, à caça do gato perfeito, do Mr. Right, cuide-se e ame-se. Sinta-se bem com você, para pelo menos poder curtir um Mr. Right Now. Ou seja, divirta-se com os caras que, à primeira vista, te pareçam legais. E, a partir daí, veja no que dá. Quem você menos espera poderá se revelar uma ótima pedida. Quanto a lugares, não acho que há "o" endereço quente para solteiros bons partidos. Acho que o lugar ideal é aquele em que você se sente bem, onde encontra amigos, que combina com seu estilo de ser, que toca seu tipo de música. Encontre o seu lugar e sinta-se à vontade. Nele é mais provável que também encontre o seu tipo de homem. Boa sorte! E dê notícias!*

O filme *A razão do meu afeto* mostra bem essa coisa de mulher-se-apaixona-pelo-melhor-amigo-mas-ops-ele-é-gay. Na história, uma mulher divide apartamento com um homossexual, por quem aos poucos ela se apaixona. Durante um jantar a assistente social Nina (Jennifer Aniston) conhece o professor gay George (Paul Rudd), que acabou de ser dispensado pelo namorado. Desnorteado, George aceita o convite feito por Nina para morar com ela. E eles se tornam grandes amigos. Assim como George, Nina também passa por problemas de relacionamento, o que faz com que os dois fiquem mais próximos e envolvidos.

O que começa como uma inocente amizade transforma-se num relacionamento único e especial. Vivendo momentos de total ternura, ela se deixa levar pelo charme de George e descobre no amigo uma grande paixão. E é exatamente aí que começam seus problemas. Ao mesmo tempo, é uma situação estranha, pois ela tem um namorado, o qual, apesar de tudo, aceita a situação. Ao longo do convívio, ela fica cada vez mais ligada ao amigo homossexual, com quem tem muito em comum. E Nina cai na pior armadilha para uma mulher: apaixonar-se perdidamente pelo homem errado. Quando descobre que está grávida do namorado, ela decide criar o bebê ao lado do homem com quem tem maior afinidade: o amigo gay George, por quem ela se apaixonou. É um filme que mostra com sensibilidade a linha tênue entre amor, sexo e amizade. O retrato da comunidade gay de Nova York é realista, respeitoso, divertido e verossímil. E o retrato da garota heterossexual está corretamente exposto.

Thiago Lucas reitera que os relatórios Kinsey e Hite comprovam quanto a sexualidade é complexa e como precisamos combater os rótulos. Ele cita a personagem da atriz Scarlett Johanson no filme *Vicky Cristina Barcelona*, que mostra que uma experiência não denigre ninguém, apenas é uma experiência que forma nossa personalidade, nossos gostos etc. E nada exclui nada. Nada garante nada. O problema é que isso assusta. Assusta as mulheres saber que seu namorado pode, sim, curtir uma transa com um homem. Thiago confessa que assusta a ele próprio, uma vez que ele pode namorar um cara que pode ter desejos por mulheres. Ou simplesmente pode ter esse desejo despertado numa festa, por exemplo, caso o cara beba um pouco e se deixe levar.

Na opinião do jornalista, relações são sempre assustadoras nesse ponto de vista da imprevisibilidade. A não ser que a pessoa com quem se esteja envolvido seja muito amarrada às normas sociais. Mas ele acha que isso hoje está cada vez mais raro. "Está todo mundo 'nem aí' pra nada, as pessoas estão se permitindo cada vez mais. O problema é a falta de limites e todo mundo viver numa eterna experimentação. Mas aí vai de cada um. Tem gente que quer permanecer em movimento para todo o sempre. Já outros querem se 'amarrar' um pouco mais pelo menos por um tempo. E ainda há alguns que dão certo e se 'amarram' naturalmente, sem um cobrar tanto do outro pelo simples fato de serem ótimos um com o outro. A liga é perfeita. Isso existe. Eles se entendem e se complementam. Não falo de almas gêmeas, mas apenas de pessoas que se complementam em certos aspectos. O livro *Why him? Why her?*, de Helen Fisher, fala disso."

Em relação às marias-purpurinas, Thiago não acha que elas sejam "tipos" de mulheres. O que pode "rolar" é uma química, uma vontade entre os dois, e aí acontece. Ele conta que já rolou uma transa com uma garota que tinha muito tesão por ele e isso foi o suficiente para deixá-lo "ligadão". Para ele, foi excitante perceber que exercia tanta atração em alguém do sexo oposto. E como ele era curioso, aconteceu. Duas vezes. Porque ele também queria, mas diz que não saiu por aí contando. A garota não frequentava o seu círculo de amigos, mas ele gostava do jeito dela, meio rebelde, meio transgressora, e não tinha o menor problema em ir para a cama com um cara no primeiro encontro. Foi disso que ele gostou nela. Um "jeitão meio 'Samantha' de ser".

Thiago conhece um rapaz gay que tem uma amiga que se apaixonou por ele e até queria casar. E o que ele diria para uma mulher nessa situação? Ele não acredita muito em casos assim. Mas conheceu uma amiga de uma amiga que ficou traumatizada porque o namorado terminou com ela para ficar com um homem. Ele acha que esse tipo de situação pode acontecer e que ninguém está livre disso. Thiago não sabe se é algo que pode ser evitado, mas acha que quando gostamos muito de alguém costumamos ficar tão ligados à pessoa que notamos o mínimo de desvio da parte dela. Por isso, ele acha pouco prováveis essas situações de pessoas que nem imaginavam que o parceiro era atraído pelo mesmo sexo. Mas pode ser que haja exceções.

E como Thiago se sente sendo tão desejado por homens (inclusive héteros) e mulheres?

Realmente acontece de ele perceber que desperta interesse em caras que não se assumem gays e em mulheres que se sentem atraídas, às vezes, apenas visualmente (as que não sabem de sua orientação sexual), e em outras (apesar de ser bem difícil e de ele ser cético nesse caso), pelo "desafio" de conquistar um gay. Superficialmente, quando não rola nada e o desejo é nítido por parte do outro, ele acha que é sempre dignificante, claro, caso o outro ou a outra seja um tipo que o agrade, pelo menos esteticamente (ele admira beleza tanto em homens héteros como em mulheres).

Agora, quando a coisa vai além do platônico, ele acha mais complicado. Em relação a homens que não se assumem, a coisa pode "pegar" mesmo, porque se ele também acha o cara um tipo interessante e altamente desejável, ele tende a evitar, pois sabe que ele mesmo vai querer mais. Que se rolar sexo ele pode acabar querendo mais que isso, e, sabendo que não há possibilidade de um envolvimento emocional, ele procura cortar logo.

Em relação a mulheres, ele não pode dizer muito, mas, quanto às experiências que teve, foi ótimo. Ele teve prazer sexual e se sentiu mais homem, mais completo ao conquistar ambas as searas. Ele assume que talvez seja seu lado cafajeste ou machista, mas considera que é a mesma sensação que um cara hétero tem ao transar com um gay bonitão. O hétero que transa com o gay se sente mais homem porque um outro homem está sendo passivo em relação a ele, está se submetendo a ele.

Para Thiago, uma mulher se submeter a um homem já é considerado "normal", ainda mais em nossa sociedade patriarcal. Então, quando ele (homem hétero) consegue isso com um cara, ou seja, quando um outro homem se deixa dominar, de certa forma ele eleva sua masculinidade, isso na lógica machista, do patriarcado, mais vigente no Ocidente. E assim o ego fica em dia.

No geral, o balanço que ele faz de ser desejado por homens e mulheres é bem positivo. Thiago conta que quando se arruma e atrai olhares de mulheres atraentes e percebe que isso incomoda até caras héteros à sua volta, a sensação é boa demais. Ele acha que é uma mistura de poder e conquista de respeito, ainda que, a princípio, seja pelo aspecto da beleza física. Mesmo assim, não deixa de ser uma conquista e ele sente que intimida caras héteros por isso.

Ele cita como exemplo quando na rua estão passando casais gays de tipos físicos diferentes. Se o casal gay segue um perfil que pode passar despercebido entre os héteros, ou seja, nada muito escandaloso, apenas homens bem vestidos e que poderiam atrair tanto homens quanto mulheres, Thiago acha que eles são mais respeitados. Ele, inclusive, já testemunhou essa situação quando estava num shopping do Rio de Janeiro. Quando ele estava saindo com um cara, ninguém ousou debochar, mas percebeu brincadeiras de mau gosto com outro casal (gay) que não era tão discreto.

Ele explica que essa não é uma sugestão de que as pessoas têm de seguir padrões sociais, mas acha óbvio e seria hipócrita de sua parte negar que existe, sim, uma etiqueta e que, se você quiser ser aceito e respeitado nessa mesma sociedade na qual vive, você deve procurar fazê-lo na mesma língua que seus vizinhos e pessoas com as quais você divide sua cidade, bairro etc. Thiago avalia que há um jogo de linguagem que é importante ser respeitado para você ser notado e visto como igual – senão você assusta.

Ele não sabe se o caso apresentado na novela *Caras & Bocas* é possível; pelo menos a parte da amizade pode ser real, mas já na hora da cama, ele acha pouco provável. De repente, pode rolar, mas é bem raro. Ele até considera um "tiro no pé" para a mulher que investe nesse tipo de relação (como a dos personagens Cássio e Lea, da novela).

Ele tem uma amiga dos tempos de escola e, como ela perdeu a mãe há pouco tempo, mais do que nunca está supercarente. Todos os que os conhecem juram que ela sempre teve uma atração por ele. Ele não vê como, mas muita gente acha que sim e que ela nunca esquece isso. Ele acha graça porque ela tem namorado. Mas o que ele acha estranho é que ela está com uns papos de que desconfia que o namorado pode ser gay. Thiago acha que o fato de ele ser gay e assumir logo depois que eles se conheceram – quando ela ainda devia sentir alguma coisa por ele – pode tê-la deixado um tanto traumatizada, e então ela fica desconfiando do namorado. Ele acha que faz sentido.

Quanto ao "gaydar", Thiago não acredita. O que ele acha é que podem existir "sinais", que podem ser detectados ou não. "Acho que dá para salvar, às vezes, se um cara se aproxima da sua amiga por vergonha de se aproximar de você, quando no fundo mesmo ele quer o amigo gay. Mas aí geralmente há sinais que você percebe. E se não percebe e só souber depois que o cara curte homens, acredite, muitas vezes nem ele sabia e nem sabia lidar com a situação. E ele vai se descobrindo ao longo do caminho. E você, mulher, pode dar o azar de estar saindo com ele nessa hora. Ou sorte, pois podem virar melhores amigos."

O jornalista acha que hoje em dia está cada vez mais difícil haver tanta dissimulação. Ele acha estranho o cara manter uma garota para ficar saindo enquanto sai com homens também, o que é muito raro. Thiago ressalta que o cara pode ter vontades e não saber enfrentar a situação e aí fica saindo com mulheres para negar. Acontece que, mais cedo ou mais tarde, ele não vai aguentar mais. Geralmente ele descobre isso sozinho e não há muito escândalo se, por exemplo, ouvir de alguém que o viu numa boate gay. Lucas acha isso tudo meio "lenda urbana". Para ele, as pessoas adoram uma histeria e, então, criam coisas do tipo "ai, mas será que ele tá saindo por aí com outros homens?".

Thiago acredita que pode acontecer de eventualmente o sujeito que se diz hétero se encontrar com homens só para sexo. Há muitos casos de caras "amarrados" (pelos padrões da sociedade), que ele sabe que curtem sexo com homens também. Mas às vezes esses caras são bissexuais. "E aí vamos fazer o quê com gente assim? Matar? Colocar uma placa e dizer 'não se envolva, pode ser perigoso'? – para o seu coração, acima de tudo, porque HIV pode estar em qualquer um ou uma. Então, acho que vale a dica de seguir seu coração e viver o dia a dia. E sempre que sentir que deve falar algo ou tentar perguntar alguma coisa que incomode, fale, pergunte. E lembre-se: esses caras enrustidos só o são por culpa nossa, da sociedade que não sabe aceitar nem quer lidar com a verdade. Então, eles continuam enganando amigos, namoradas, namorados, e por aí vai. Se fôssemos mais tolerantes, eles assumiriam as coisas com mais naturalidade. Acho que está na hora de começarmos a aceitar mais as coisas, os fatos e, acima de tudo, as pessoas como elas são."

Outro ponto comentado por Thiago é o que se refere aos **estereótipos** que rondam o universo gay. E mais uma vez ele cita o filme *Ele não está tão a fim de você (He's just not that into you)*, em que são retratados personagens homossexuais bastante estereotipados, os quais, segundo ele, os gays já não aguentam mais.

Em relação a esses estereótipos, Thiago diz que é tudo muito bobo mesmo, como se gay fosse a coisa mais rara do universo. E ele mesmo se pergunta o que *gay* quer dizer. Porque, em sua visão, gay pode ser muitas coisas. Gay pode ser aquele que "fala mole", aquele que vai para a cama com homens ou isso ou aquilo; há muitas formas de ser gay. A pessoa pode curtir mulheres, homens, de uma forma ou de outra. Somos todos humanos e complexos e de diferentes formas. Assim, às vezes é meio boba a maneira com que as pessoas veem esses personagens, porque para muita gente os gays são personagens distantes ou que só existem nos salões de beleza. Ele acha que tudo isso é porque as pessoas gostam da ingenuidade e da ignorância. Elas não estão a fim de lidar com o real. Que pode estar bem ao seu lado – quando não, dividindo a própria cama.

Para Tony Góes, 48 anos, diretor de criação de uma agência de propaganda, muitas vezes, a amizade entre um homem gay e uma mulher heterossexual começa quando os dois estão numa situação nova, sentindo-se especialmente carentes e vulneráveis – como, por exemplo, durante o primeiro ano da faculdade. Muitas vezes, essa mulher não tem namorado, ou ele está distante, e o gay meio que assume o lugar de "companhia masculina" para a garota, sem representar ameaça ao namorado dela. Forma-se uma aliança, e a sinceridade entre eles costuma ser grande: ele diz a ela coisas que as amigas não dizem (até porque seriam acusadas de invejosas), e vice-versa.

Tony e sua amiga dos tempos de faculdade, Carolina Cecchi, não se desgrudavam. Ela tinha um namorado que morava nos Estados Unidos e ele não tinha namorado nenhum. Depois, ela se casou, ele também e se afastaram um pouco. Mas nunca se perderam de vista, sempre mantiveram telefone e endereço um do outro, só que não era mais aquela coisa cotidiana de antes. Hoje em dia, eles se encontram mais ou menos a cada dois meses, para almoçar. Eles não têm segredos um com o outro e ambos costumam ser sinceros.

Tony diz que muitas vezes essa amizade apresenta um tom mais forte porque, talvez, o que há nessa relação é amor mesmo. Um amor que não consegue ser consumado porque ele não está interessado sexualmente nela. Em sua opinião, é muito comum que a amiga de um gay esteja, no fundo, apaixonada por ele. E ele diz por experiência própria: a amiga de um ex-namorado seu fez o que pôde para atrapalhar a relação dos dois.

Para o publicitário, o amigo gay pode ser importante na vida de uma mulher hétero porque ele é uma companhia masculina, que pode levá-la a festas ou a qualquer lugar, que não oferece "risco". E ele também oferece um tipo de humor que as amigas não têm e muito menos os namorados. O aprendizado nessa relação acontece quando a mulher se despe de preconceitos. Tony diz que é comum ver garotas homofóbicas (que não gostam de homossexuais) mudarem de opinião depois que ficam amigas de um gay. E o gay aprende que ser mulher não é fácil. E os conselhos dos homossexuais são tão especiais porque, geralmente, são desinteressados. O gay não compete diretamente com ela nem está querendo levá-la para a cama.

E suas amigas pediam conselhos sobre sexo quando estavam iniciando a vida sexual. Elas perguntavam coisas do tipo "qual a parte mais sensível do homem?", que elas não tinham vergonha de perguntar justamente por ele ser gay. Ele conta que uma amiga que se separou pediu conselhos quando voltou a sair com outros homens. Algo como "devo ligar ou espero que ele ligue para mim?", coisas básicas, segundo ele, mas que essa amiga esqueceu depois de tantos anos com o marido.

E por falar em conselhos, Tony é o atual responsável pela coluna "Pergunte ao Amigo Gay" da revista *Women's Health*, na qual pode colocar em prática aquilo que já exercitava com suas amigas: dar dicas sobre vários assuntos. Veja, por exemplo, estas duas questões levantadas por leitoras:

Leitora: *Tenho vários amigos gays, mas um deles peca pelo excesso de trejeitos. Não sou preconceituosa, mas ele é motivo de comentários maldosos. Falo com ele?*

Tony: *Será que os trejeitos do seu amigo não a incomodam?*

O mundo está cheio de gente que diz não ter nada contra os gays – contanto que sejam "discretos", não desmunhequem e se vistam como "homens". Seu amigo deve ser alvo de gozações desde pequeno, e está cansado de saber que "dá pinta". Mas sua preocupação é bacana. Tenha uma conversa franca, aponte onde está o perigo. Ele pode estar se expondo à toa. E, se você gosta dele, defenda-o sempre que ouvir uma maldade dessas.

Pergunta: *Uma amiga sempre me pede bolsa, casacos, sapatos, brincos emprestados. Não me importo, mas tenho que pedir de volta e ela diz que já devolveu... e não toca mais no assunto. Como faço para ter minhas coisas de volta?*

Tony: *Como você não se importa mesmo, me empresta um cinto? Amiga, toda vez que a gente empresta algo corre o risco de nunca mais tê-lo de volta. E essa garota já mostrou que não é de confiança. Por que ainda empresta suas coisas? Da próxima vez que a folgada pedir um sapato, diga para usar outro que ainda não devolveu. Se ela responder que não está com ela, consiga um mandado judicial e dê uma busca no local. Ou, ao flagrá-la vestindo algo seu em público, faça um comentário sarcástico, do tipo "Ah, que bom que você encontrou a minha blusa! Amanhã passo na sua casa para pegá-la!". Ah, e escolha melhor suas amizades.*

Góes explica que muitos gays acham que têm "cabeça de mulher", que nasceram com o corpo errado. Mas a imensa maioria é homem mesmo (num sentido bem masculino de ser), só que com outra orientação sexual. Ele esclarece que homens gays e héteros são muito mais parecidos entre si do que gays e mulheres. E o convívio com uma amiga pode ensinar ao gay que aquela mulher que ele fantasia ser não existe na vida real.

O escritor baiano Valdeck de Almeida, 43 anos, acha que muitas vezes os homossexuais têm uma mulher heterossexual como melhor amiga porque a mulher tem muita sensibilidade. Segundo ele, a forma como a mulher pensa e age é muito parecida com a do homossexual masculino e ambos possuem "aquele *feeling*", conhecido como sexto sentido. As conversas, as confidências, os segredos, tudo isso se parece muito na opinião de Valdeck.

Ele acredita que isso se dá por uma questão de afinidade e também pela semelhança na forma como ambos são tratados pela sociedade. Ele diz que as mulheres e os gays são discriminados no mundo, que é machista e sexista. A mulher é tida como um ser inferior; o gay ficaria, nessa discussão, num degrau abaixo do da mulher. A necessidade de luta por afirmação, a busca por valorização enquanto ser humano e por direitos iguais unem esses dois polos aparentemente desiguais. Valdeck diz "aparentemente" porque ele acha que a mulher tem muito do gay e vice-versa.

Por que a amizade do homem gay com uma mulher hétero pode ser até mais especial ou mais forte do que outro tipo de amizade?

O escritor baiano sustenta que os históricos de luta e resistência respondem a essa pergunta. A mulher é discriminada desde a Bíblia – ela, a mulher, segundo relatos judaico-cristãos, foi criada "depois" do homem e veio da costela deste. O gay é rejeitado pela sociedade, pela família e, claro, pela religião majoritária, a cristã, que condena a homossexualidade e abomina o sexo que não tenha a reprodução como finalidade. Nega-se o direito de prazer à mulher, que apenas serve de reprodutora e de objeto a serviço do homem. Nega-se ao gay o direito ao mesmo prazer.

Valdeck diz que em relação ao homossexual a violência é maior, pois a sexualidade, além de não ser utilizada para reprodução, está relacionada ao prazer, o que, para os cristãos fundamentalistas, é pecado. As dores são as mesmas, só que por vias diversas. Mas o estigma, o preconceito e a discriminação atingem essas duas minorias. Porém, ele explica que "minoria", nesse caso, não deve ser compreendida no sentido de número menor de pessoas. No caso da mulher, por exemplo, há estatísticas de institutos sérios que comprovam que há mais mulheres que homens no mundo. Ele ressalta que a palavra minoria deve ser lida como sem voz, sem direito, sem visibilidade, sem importância. Nesse sentido, gay e mulher são equiparados. A dor une os dois.

Valdeck lembra que a mulher, historicamente, cuida muito do lar, da maternidade, da educação, da administração da vida.

Um amigo gay pode auxiliar, trabalhar em conjunto, sem aquele tom de disputa que pode acontecer entre duas mulheres. O gay está ali para apoiar, para aprender, para trocar experiências, para ensinar também. Ele acha que a amizade fica muito mais fortalecida se não está maculada de interesse sexual ou interesse em disputar quem é mais bonito, quem é mais sedutor. Para ele, **a mulher e o gay lucram muito com essa troca de experiências.**

O escritor considera que a amizade é sempre muito bem-vinda, e a forma de ver de cada um enriquece a visão do outro. Se a amizade for verdadeira e desinteressada, ambos podem tirar muita positividade do relacionamento. E os conselhos? Estes são especiais porque, quando gays fazem um comentário, o fazem de maneira profunda. Eles são muito críticos, observadores e exigentes. Segundo Valdeck, a mulher adora saber se está bonita, se a roupa combina, perfume, cabelo etc. A maioria dos gays tem um gosto refinado, e, se perguntados por uma grande amiga, vão responder o que pensam, mesmo que a pessoa não goste do que ouviu. E a amiga hétero pode acrescentar ao homossexual aceitação, afetividade, verdade...

Valdeck tem uma amizade sadia com a professora Aline Vitória, de 31 anos. Muitas vezes eles conversam sobre tudo, sem limitações de tema. Ele garante que são sinceros em suas conversas. Ela, inclusive, conheceu um ex-namorado seu. Os três estavam sempre juntos. Ele e o namorado, quando iam à casa de Aline, não tinham nada a esconder.

Para Aline, ninguém escolhe ter um amigo homossexual "por conveniência", a amizade simplesmente acontece. A aproximação existe porque o amigo gay entende os "dois lados" e os héteros raramente falam o que pensam. Os gays revelam suas emoções sem constrangimentos.

O escritor revela que já aconteceu de namorados/maridos de amigas suas "darem em cima" dele, sim. Mas ele soube contornar a situação. Ele conta que, geralmente, ou o cara está querendo dinheiro para transar com um gay ou é apenas curiosidade, pois muitos héteros gostariam de transar com um gay apenas para saber como é, se vão sentir prazer... E também porque amigos já transaram e relataram o fato.

Com ele a cantada aconteceu na casa de uma amiga, no aniversário dela. Eram poucas pessoas e eles estavam conversando sobre vários assuntos, menos sexo. Ele conhecia essa amiga havia uns dois anos, mas não tinha muita intimidade com ela. Era uma amizade apenas de se encontrarem em supermercado, reunião de condomínio... Mas ela e o marido sabiam de sua opção sexual, pois ele tinha namorado e ambos eram vistos com muita frequência. Durante a conversa, na festa, Valdeck pediu licença para ir ao banheiro. O marido da amiga logo se prontificou para mostrar o caminho. Ele achou normal, pois não conhecia a casa. Quando Valdeck entrou no banheiro, foi surpreendido pelo marido da moça, que o seguiu. Ele resolveu sair para dar a vez ao cara, que insistiu: "Não se preocupe, só vou passar uma água no rosto". Valdeck ficou aguardando ele terminar de lavar o rosto, para usar o vaso e fechar a porta. Mas o cara não saiu. Enquanto abria a torneira, falou: "Não tá a fim de uma brincadeira? Estou de 'pau duro' aqui!" e já foi pondo o pênis pra fora. Valdeck ficou chocado, pois nunca tinha falado a respeito ou insinuado sexo para ele. Disse que não estava a fim, que não era o local apropriado... Mas o cara foi em sua direção e queria forçá-lo a pegar seu pênis. Ele recusou e saiu do banheiro. Em seguida, foi embora e não falou mais com ele. Valdeck se afastou do casal e não contou nada para a amiga.

E as marias-purpurinas? Sim, ele já recebeu cantadas de mulheres que sabiam que ele era gay. Ele simplesmente as chamou a um canto e disse que não curtia mais mulheres (já curtiu, na adolescência) e que tinha namorado. O papo acabou ali. Depois que ele decidiu ficar somente com homens, nunca aconteceu de as mulheres tentarem beijá-lo etc., até porque ele sempre evitou se aproximar muito delas.

Erik Galdino, 25 anos, jornalista, acredita que os homossexuais possuem muitas afinidades com as mulheres, mas não se deve acreditar que isso é padrão. Ele acha que tais afinidades estão ligadas ao culto ao corpo, casa e família, algo que é muito presente na cultura das mulheres e também dos gays. Ele acha que durante a vida temos muitos amigos especiais ou melhores amigos. Tudo vai de acordo com o momento pelo qual estamos passando, e num desses períodos a mulher pode ser uma das amigas especiais de um homossexual, desde que compartilhem interesses em comum.

Erik considera que amigos são importantes na vida de qualquer pessoa, independente da sexualidade de ambos, mas que seguramente uma mulher heterossexual terá muito mais conforto em discutir alguns assuntos com um gay, já que eles conseguem transitar entre o ser másculo e a delicadeza feminina. E, segundo o jornalista, a mulher pode aproveitar o fato de ter um amigo gay por ele saber como pensa um homem, ou seja, vai ajudá-la a tratar outros homens de maneira que agrade mais, já que tem uma referência de como as situações são entendidas pelos homens.

Para Sidnei Rodrigues, 30 anos, cabeleireiro, é muito divertido ter uma mulher heterossexual como amiga e, ao mesmo tempo, poder ver que conseguiu, de certa forma, ensinar e também aprender muito com ela. E essa amizade pode ser especial porque são pensamentos diferentes e, ao mesmo tempo, muito parecidos. Sidnei percebe que, ao aconselhar uma mulher hétero, ela escuta com muito mais atenção e carinho do que se tal conselho estivesse sendo dito por uma mulher. Para ele, entre um homossexual e uma mulher as coisas são ditas com mais transparência. Quando ele gosta de verdade, é sincero e autêntico, o que não significa que não o seja quando não há muita afinidade. Mas quando é amizade de verdade é apenas uma questão de "olho no olho", de sintonia e "química".

Por que os conselhos dos gays são especiais para as mulheres héteros?

Porque "vem de dentro, da alma, do coração! É um cuidado de irmão", nas palavras de Sidnei, que se arrisca a dizer que, às vezes, eles têm mais afinidades com elas, mais liberdade de se expressar, do que até mesmo com os próprios familiares. Quando eles aconselham uma amiga, eles têm todo um cuidado, um enorme carinho. Para Tato Riccio, 31 anos, advogado, o que conta é a sinceridade: "Não tem aquela coisa de elogiar o novo – e horrível! – corte de cabelo só para acalmar as coisas".

Para Sidnei Rodrigues, o mundo é muito injusto com as mulheres. Ele acha que elas deveriam ser tratadas com mais respeito em todos os aspectos: profissional, emocional etc. E que o poder está realmente nas mãos delas! Mas que, infelizmente, muitas ainda não se deram conta disso. E talvez, ao aconselharem, eles pensem da forma como elas gostariam de pensar, mas não o fazem porque falta ousadia para fazer uso do poder que lhes foi dado de graça!

E o que uma mulher pode aprender com um gay e vice-versa?

Meninas, olhem as dicas de Sidnei:

– Se amar mais, ousar mais, abusar do poder feminino e... "passar mais rímel! (risos...)". O resto é uma questão de ousadia e opinião própria.

– Saber dizer não. Seja para quem for!

– Fazer aquilo que realmente deseja, e não se submeter a nada que não queira só para agradar ao parceiro.

– Mas, por outro lado, saber ouvir mais seus maridos, namorados, companheiros... E ter sensibilidade, porque com jeitinho vocês mulheres conseguem tudo o que quiserem!

– Ouça mais e fale menos. Para Sidnei, muitas pecam por falarem demais. Mas ele não quer dizer com isso que devam compactuar com tudo, e sim saber falar na hora certa! "Homem, com todo respeito, é burro, insensível e, na maioria das vezes, egoísta; gosta de achar que domina a situação. E quanto à mulher sábia, o que fazer? Como agir? Fingir que ele está mandando, que está escutando... Deixe para dar ouvidos às duas melhores amigas que ele tem, com essas você nunca deve bater de frente, tem que ser a melhor amiga delas... Sabe quem são?? A amiga Visa e a amiga MasterCard!! (risos...)"

E o que uma mulher hétero pode acrescentar a essa relação?

Ele pergunta: "Tem coisa melhor do que carinho de mãe?". Presença feminina! É isso o que eles sentem quando encontram uma amiga de verdade, e é com todo esse respeito de mãe, amiga e irmã que eles a tratam.

Para Fábio Ferraz, 34 anos, cabeleireiro e maquiador, essa é uma amizade que pode começar na infância, nos tempos de colégio. De acordo com seu ponto de vista, a criança observa que os meninos são muito agressivos, gostam de bola, figurinha, entre outras "coisas de moleque". Daí surge a amizade com as meninas, que na maioria das vezes são mais delicadas, algo que chama a atenção do menino homossexual.

Na fase adulta, no trabalho e na faculdade, as mulheres geralmente se aproximam dos gays e então eles se "apaixonam" por elas. Segundo Fábio Ferraz, a energia criada entre os dois se torna forte. "Imagine um homem com imaginação de mulher, mas com pensamentos de homem, ao mesmo tempo com sensibilidade para poder falar, sem nenhuma inveja, se ela está feia, gorda, chata, e ainda "produzi-la" (no sentido de vestuário), dar dicas, conselhos, e elas também, pois, sendo "poderosas", os dois juntos chamam atenção de muita gente, principalmente dos homens. **Gay adora mulher**!"

Para Tato Riccio, 31 anos, advogado e ex-colunista da seção "Pergunte ao Amigo Gay" da revista *Women's Health*, isso ocorre quando o homossexual não tem uma irmã. E ele tem outra explicação: "Para nós, gays, a falta de uma parceira para brincar de Barbie na infância acaba gerando inúmeros traumas, daí a 'adoção' de uma mulher hétero como melhor amiga. Pode reparar que, no caso de homossexuais que tiveram uma irmã com quem brincar na infância, eles acabam tendo como melhor amiga uma mulher homossexual mesmo (isso se ela também não teve um irmão para andar de *kart* com ela quando era pequena!)."

Na opinião de Tato, a amizade do gay com a mulher heterossexual pode ser mais especial porque um homem gay não ameaça uma mulher hétero. "Ela não terá medo de que ele roube seu namorado ou chame mais atenção do que ela numa festa. Todos sabemos que mulheres são, por natureza, mais competitivas: reparam na bolsa da amiga, no sapato da rival e no namorado da irmã! Com um amigo gay elas não têm esse problema."

E Riccio se pergunta quem mais responde sinceramente sobre aquela calça suuuperapertada, com aquele ar de deboche, dizendo "Amiga, se liga, né? Tá parecendo uma salsicha de tão dividida!". Ou, ainda, com uma franqueza-escândalo: "Não, seu namorado não é distraído. Na verdade, ele não passa de um tremendo canalha e está te enrolando!". Para Tato, os amigos gays são "pilares de sinceridade" na vida das mulheres hétero. Praticamente essenciais. Em sua opinião, nenhuma outra amiga jamais será tão sincera quanto o seu amigo gay!

E, aliás, sinceridade era o que não faltava para Tato na época da coluna na revista *Women's Health,* em que ele aparecia como o melhor amigo gay de leitoras ansiosas por conselhos, como no exemplo a seguir.

Leitora: *O melhor amigo do meu namorado é gay. Devo me preocupar?*

Tato Riccio: *Deve se preocupar e MUITO! Deve se preocupar em se tratar, em investir pesado na terapia! Insegurança tem limites! Você acha que esse amigo vai converter seu namorado?! Um dos meus melhores amigos se casa mês que vem, outro acabou de ser pai e de outro ganhei uma afilhada; todos são héteros com H maiúsculo. Se liga, querida! Nenhum amigo vai fazer seu namorado mudar de time, acredite; nem mesmo você tem esse poder!*

Para Rodrigo Caratto, 24 anos, cabeleireiro, uma amiga heterossexual o faz sentir-se especial, já que ela o aceita, não tem preconceito, torce por ele, enfim, acaba virando uma cúmplice. Para ele, com a amizade de uma mulher hétero, o gay aprende a não levar a vida na promiscuidade, aprende a ser humano, a se amar, a ser confiante. E elas acrescentam ainda a coragem de encarar o mundo de uma forma bem diferente, "bem mais cor-de-rosa". E assim, o que fica dessa relação são os momentos mais do que inesquecíveis!

Em entrevista para a revista *Marie Claire*, o jornalista André Fischer, que também é escritor, diretor do portal e do festival de cinema *Mix Brasil* e *publisher* da revista *Júnior* (voltados para o público GLS), disse que entre um gay e uma mulher existe uma cumplicidade especial, já que não há nenhuma tensão sexual atrapalhando. Além disso, os gays têm uma visão masculina do mundo: como todos os homens, são criados para serem práticos e diretos, então podem levar essa visão para as mulheres.

No que se refere às diferenças básicas entre as relações homossexuais e heterossexuais, André afirma que cada casal tem sua história, mas é comum os gays terem relações menos duradouras. Quando um casal de homens chega a um impasse, não consegue ultrapassá-lo, porque nenhum dos dois quer discutir a relação. Daí acaba. No casal heterossexual, a mulher faz esse papel de mediadora.

Em relação à traição entre os gays, Fischer diz que entre dois homens é comum existirem acordos claros sobre os limites da traição: pode transar, mas não pode beijar, pode ficar com outro homem desde que seja todo mundo junto... "Nas relações entre homens e mulheres, existem muitos pudores em relação a essa questão. Nada é discutido e fica tudo muito confuso."

Quando o assunto é sexo, André explicou que os gays conhecem muito melhor o corpo masculino, sabem quais são os pontos que funcionam. A mulher não costuma explorar todas as possibilidades. Ela tem medo de ousar muito e parecer uma profissional. Ele acha que os homens preferem uma mulher com uma postura mais ativa. Outra diferença: para o homem, o objetivo do ato sexual é alcançar o máximo de prazer naquele momento, e os gays entendem isso. A mulher dá outro significado para o ato sexual, para ela é um momento de união. Ele diz que tudo bem, mas se ela tiver em mente que o que está em jogo é o prazer imediato, vai aproveitar mais.

Aliás, para confirmar que quando o assunto é sexo os gays são mestres e dão as melhores dicas, André Fischer publicou o livro *Dicas de sexo para mulheres por um homem gay* (uma adaptação de *Sex tips for straight women from a gay man*, escrito por um homossexual americano e sua melhor amiga), com conselhos que somente um gay, grande conhecedor da anatomia masculina, pode dar, pois sabe como ninguém do que um homem gosta. E é interessante notar que, com tantos históricos de discriminação pelo mundo, os gays conseguem usar a seu favor um dos muitos estereótipos que os acompanham: de que são hábeis conquistadores e criativos na cama.

A ideia do original, que não foi lançado no Brasil, surgiu das conversas dos amigos Dan Anderson e Maggie Berman – ele gay, ela hétero – sobre as agruras com o mundo masculino, preferência de ambos, que, em bate-papos informais, sempre trocavam experiências. Detalhes sobre as zonas erógenas de um homem, as carícias que fazem sucesso na hora "H" , como deve ser o sexo oral benfeito, como funciona o pós-orgasmo, assim como o passo a passo de uma noite bem-sucedida, desde a troca de olhares até a despedida em grande estilo são descritos de forma divertida e inusitada. Os autores relatam, ainda, como deve ser a ambientação do quarto e quais os odores e sabores que funcionam como afrodisíaco para a relação sexual.

Todo o livro contém dicas rápidas e bem-humoradas, entre outras informações, como, por exemplo, que os testículos do homem aumentam e diminuem de tamanho e ficam ora mais, ora menos sensíveis. Isso todo homem sabe, mas é informação rara entre mulheres. Elas são as maiores beneficiadas pelo manual, já que a obra é dirigida ao público feminino, mas gays também podem aprender muito, como ótimas cantadas ou a melhor forma de levar o "love" saído da academia para o chuveiro.

A ideia de transformar a cama em palco de sexo é bárbara. E o que não pode faltar: os cuidados mais do que necessários de higiene e a técnica de ter tudo à mão e por perto (camisinhas, lubrificantes etc.).

O livro *Dicas de Sexo para mulheres...* parte do princípio de que um gay, por conhecer a fundo seu corpo, possui condições de sobra para ser um *expert* na cama e ensinar. Gays e mulheres têm maior liberdade para conversar sobre sexo, afinal ambos possuem como objeto de desejo o corpo masculino. A diferença entre eles é que os gays conhecem melhor o corpo do homem, por razões óbvias. André adaptou o livro para a realidade brasileira com ajuda da amiga Renata Laureano – o resultado é um manual bem-humorado sobre como dar mais prazer a um homem. "É um livro que leva a mulher a ter um controle maior na relação sexual. Muitas me disseram que, depois de lê-lo, tiveram um *upgrade* na vida sexual."

E por que os gays se apegam tanto a suas amigas? André acredita que eles encontram nelas o carinho e o suporte emocional que gostariam de ter na família. "É outro nível de amizade. A amiga hétero acaba sendo como uma irmã."

Um olhar sobre o outro lado – refletindo sobre alguns clichês

Na opinião do jornalista Sérgio Ripardo, 34 anos, nem sempre os homossexuais têm uma mulher heterossexual como melhor amiga. Suas melhores amigas são as lésbicas e as bissexuais. E ele não as têm como amigas por sua orientação sexual, mas porque foram as pessoas que o acolheram, que o protegeram e nunca o deixaram para trás. Mesmo se elas fossem heterossexuais, elas seriam suas amigas e melhores companheiras.

Para Sérgio, o grande clichê sempre foi: "O homem gay entende a complexidade da alma feminina, seus desejos e anseios, suas fantasias e sonhos". Mas ele ressalta que essa identificação também pode ser falsa, montada, perversa. O fato de ele ser gay não quer dizer que seja sensível. Para ele, a desonestidade nos relacionamentos é generalizada.

"'Amizade especial' carrega, em muitos casos, um excesso de expectativas de acesso a um mundo mais libertário, hedonista, culto. Só que isso não costuma ser frequente." Ele chama atenção para a chance elevada de frustrações quando escolhemos nossas amizades por causa de sua orientação sexual.

O jornalista observa que as revistas femininas ajudaram a criar o mito de que "um amigo gay pode ser um bom conselheiro, ajudar a ver outros aspectos das questões, acrescentar uma visão masculina sobre as coisas, sem segundas intenções, sem o cerco abusivo de alguns pretendentes"; além disso, o "amigo gay" seria uma companhia agradável e divertida, um amigo de verdade. Para Sérgio, mulheres que alimentam essa visão correm mais risco de sofrer decepções. Ele acredita que foi apenas a criação de *slogans* essa história de que existe um padrão elogiável de amigos gays.

"Tolerância para com os defeitos dos outros." Para o jornalista, talvez seja isso o que ambos (mulher hétero/gay) acabam aprendendo. Mas depende do gay, depende da mulher. Ele afirma que amizades não são feitas com o objetivo de obter algum proveito, o que ocorre é que as pessoas são atraídas por quem compartilha sua percepção do mundo de forma honesta, corajosa, desafiadora, sem vergonha de ser quem é.

O motivo pelo qual os conselhos dados pelos gays são tão especiais talvez resida no fato de que, quando se trata de um modelo de gay cosmopolita, refinado e antenado com o mundo, suas dicas de sobrevivência na selva são valiosas. Por exemplo, executivos homossexuais são os melhores "palpiteiros" sobre bons hotéis, bares, restaurantes, lojas, supermercados, clubes e academias. Os viajados são guias de turismo sofisticados, com deliciosas e bem-humoradas tiradas sobre tudo e todos, além dos detalhes picantes do roteiro.

Sensibilidade, visão ampla do mundo e dos relacionamentos, generosidade, amor, compaixão são alguns exemplos do que Sérgio (e outros gays, diga-se) espera de uma mulher hétero – na verdade, segundo ele, exemplos do que os gays buscam encontrar em todos no mundo.

Reportagens/Artigos

ANTUNES, Luciene. O melhor amigo gay. *Veja edição especial – Mulher*, São Paulo, maio 2006.

BRUM, Marcella; FONSECA, Natasha. *Amigo gay*. Disponível em: <www.bolsademulher.com>. Acesso em: 8 nov. 2008.

CARDOSO, Marcus. *Queer eye for the straight guy, o livro*. Disponível em: <www.revistaparadoxo.com>. Acesso em: 26 set. 2004.

CARDOSO, Margot. Entrevista com o psicólogo brasileiro João Batista Pedrosa. *Sábado*. Disponível em: <www.sabado.pt>. Acesso em: dez. 2006.

CAROL, Thully. Madonna e os gays. *Madonna Insane Fan Club*, Brasil (sem data).

CONTREIRAS, Tatiana. Sucesso rosa chiclete. *Revista da TV, O Globo*, 9 ago. 2009.

COSTA, Myrna. Por que *Sex and the city* se tornou um fenômeno cultural – Personagens: os homens da vida de Carrie. *Shvoong*. Disponível em: <http://pt.shvoong.com/humanities/>. Acesso em: 23 set. 2007.

CUNHA, Carolina. Coluna da Lili – especial Meninas e Amigo gay. *Interney*. Disponível em: <www.interney.net/blogs/gravataimerengue>. Acesso em: 9 jul. 2008.

FLORA, Cristina. Quando as mulheres são amigas de gays assumidos, geram-se relações intensas, divertidas. E, por vezes, perigosas. *Revista Máxima*. Disponível em: <www.maxima.pt> (sem data).

GIANE, Cláudia. Amigo gay, você também tem um para conversar? *Nécessaire*. Disponível em: <www.necessaire.com.br>. Acesso em: 28 out. 2008.

GODOY, Adriana. Fascínio por amigos gays. *Digestivo Cultural*. Disponível em: <www.digestivocultural.com.br>. Acesso em: 8 jun. 2007.

GOES, Tony. Coluna "Pergunte Ao Amigo Gay". Revista *Women's Health*, nov. 2009.

GONZAGA, Vincenzo. As vantagens que as mulheres têm em ter um amigo gay. Blog do autor. Disponível em: <http://vincenzogonzaga.blogspot.com>. Acesso em: 24 nov. 2008.

GUERRA, Flávia. Meu amado amigo gay. *DM Revista*. Disponível em: <www.dmrevista.com.br>. São Paulo, 23 dez. 2008.

GUIMARÃES, Ingrid. A eterna e forte amizade entre as mulheres e os gays. *Território feminino*. Disponível em: <http://territoriofeminino.blogtv.uol.com.br>. Acesso em: 20 ago. 2007.

INOUE, Angel. Um amigo gay. *Jornale Comunicação*. Disponível em: <www.jornale.com.br>. Acesso em: 25 jul. 2008.

JOHAN, Allan. Um gay que ama as mulheres. *Revista Lado A*, Curitiba, 20 jul. 2006.

JORNAL Vale Paraibano. Linguagem igual pode ser explicação. São José dos Campos, 20 mar. 2005.

KAHN, Michael. Homens gays e mulheres têm cérebros semelhantes. Agência Reuters e site www.estadao.com.br, 16 jun. 2008.

KANN, Antonella. Olhar gay – os melhores amigos. *Revista Marie Claire*, set. 2004.

LLISTÓ, Paco. Sempre fiéis e presentes, elas não desgrudam de seus amigos gays. *Revista A Capa*, São Paulo, 19 maio 2007.

______. Mulher bicha. *Revista A Capa*. Blog do Paco. Disponível em: <www.acapa.com.br>. Acesso em: 11 maio 2009.

MARÇAL, Hellen. Amigo gay. *Mulher Feliz*. Disponível em: <www.mulherfeliz.com.br>. Acesso em: 4 dez. 2007.

MCSUMMER, Roxy. Por que toda mulher deve ter um amigo gay. *Blog It's a Mu Point*. Disponível em: <http://itsamupoint.blogspot.com/2008>. Acesso em: 30 abr. 2008.

MILLER, Sarah. Oito razões por que os gays são os melhores amigos da mulher. *Nova*. Disponível em: <www.nova.com.br> (sem data).

MIRA, Fernanda. Dez motivos para uma garota inteligente ter um amigo gay. Disponível em: <http://fernanda.tipos.com.br/posts/2007/10/16>. Acesso em: 16 out. 2007.

MOON, Dawne. The term fag hag and gay male community. Social Forces, University of North Carolina Press, 1995. Disponível em <www.jstor.org/pss/2580489>.

MOTT, Luiz. 10 verdades sobre a homossexualidade. *Grupo Gay da Bahia*. Disponível em: <www.ggb.org.br>.

MOUSSE, Simone. Assumidos e cada vez mais exibidos. *Revista da TV – O Globo*, Rio de Janeiro, 23 nov. 2008.

OROSCO, Dolores. Romance entre gays e mulheres reinventa o "final feliz" da TV. *G1*. Disponível em: <www.G1.com.br>. Acesso em: 18 jan. 2008.

ORSINI, Bety. Amor revelado. *O Globo*, Rio de Janeiro, 21 nov. 2009. Caderno Ela.

REVISTA *TINA* sugere personagem gay de Mauricio de Sousa. *Folha de S. Paulo*. Disponível em: <http://www1.folha.uol.com.br/folha/ilustrada/ult90u652541.shtml>. Acesso em: 14 nov. 2009.

PASSOS, Sabrina. Maria purpurina: mulheres que sentem atração por gays. *Vila Mulher*. Disponível em: <http://vilamulher.terra.com.br>. Acesso em: 20 jan. 2009.

PRADO, Maeli. Por que você vai à balada gay? *Revista Criativa*, jul. 2009.

RABELO, Paty. Amigo gay, um must-have. *Bem Resolvida*. Disponível em: <www.bemresolvida.com.br>. Acesso em: 6 jul. 2008.

RAMOS, Gisele. Amigo gay: não confunda o papel dele na sua vida. *Vida Feminina*. Disponível em: <www.clicrbs.com.br/vidafeminina>. Acesso em: 7 maio 2009.

REVISTA Época. Novo estudo: genes gays em homens deixam as mulheres loucas. 1 nov. 2008.

RICCIO, Tato. Coluna "Pergunte ao Amigo Gay". *Women's Health*, ago. 2009.

SAMORA, Guilherme. Maria ama Pedro, que ama José. As incríveis histórias de mulheres que se apaixonaram por homossexuais e até chegaram a namorá-los. *Diário de São Paulo,* São Paulo, 11 abr. 2004. Revista Já, p. 8-14.

SITE Athos GLS. O meu amigo gay. Disponível em: <athosgls.com.br>. Acesso em: 26 jul. 2006.

SITE G1. Mulheres trocam psicólogo por amigo gay. Disponível em: <www.g1.com.br>. São Paulo, 11 dez. 2008.

SITE Séries e Etc. Elas e seus melhores amigos gays: duplas imbatíveis. Disponível em: <www.seriesetc.com.br>. Acesso em: 3 abr. 2009.

VALADARES, Theo. As vantagens de se ter um amigo gay. *UOL Blog*. Disponível em: <www.theovaladares.blogspot.com>. Acesso em: 3 fev. 2005.

VIOLA, Kamille. Conheça a Maria Purpurina. *O Dia*, Rio de Janeiro, 3 jan. 2009.

Livros

ALLEN, Ted et al. *Queer eye for the straight guy*. s. l. Arx, 2004.

ANDERSON, Dan; BERMAN, Maggie. *Sex tips for straight woman from a gay man*. Regan Books, 1997.

BEHRENDT, Greg; TUCCILLO, Liz. *Ele simplesmente não está a fim de você*. Rio de Janeiro: Rocco, 2005.

FISCHER, André Luiz. *Dicas de sexo para mulheres por um homem gay*. São Paulo: Jaboticaba, 2003.

WYLLYS, Jean. *Ainda lembro*. São Paulo: Globo, 2005.

______. *Tudo ao mesmo tempo agora*. São Paulo: Giostri, 2009.

Seriados

CHERRY, Marc. *Desperate housewives*. Rede ABC, EUA. 2004.

COLLINS, David. *Queer eye for the straight guy*. Rede Bravo, EUA, 2003.

HARVEY, Jonathan. *Gimme gimme gimme*. Inglaterra, 1999-2001.

HAYEK, Salma. *Ugly Betty*. Rede ABC, EUA. Desde setembro/ 2006.

KING, Michael Patrick. *Sex and the city* (baseado no livro homônimo de Candace Bushnell). Rede HBO, EUA, 1998-2004.

KOHAN, David; MUTCHNICK, Max. *Will and Grace*. Rede NBC, EUA, 1998-2006.

MERCIER, Nicolas. *Clara Sheller*. Canal France 2, França, 2005.

STUPIN, Paul. *Dawson's Creek*. Warner Channel, EUA. 1998-2003.

_________ *My so called life*. Produção ABC, EUA. 1994-1995.

Filmes

CONDON, Bill. *Kinsey – vamos falar de sexo* (*Kinsey*). EUA, 2004.

HOGAN, P. J. *O casamento do meu melhor amigo (My Best Friend's Wedding)*. EUA, 1997.

HYTNER, Nicholas. *A razão do meu afeto (The object of my affection)*. EUA, 1998.

KING, Michael Patrick. *Sex and the city – o filme* (*Sex and the city – the movie*). EUA, 2008.

KWAPIS, Ken. *Ele não está tão a fim de você (He's just not that into you)*. EUA, 2009.

SCHLESINGER, John. *Sobrou pra você (The next best thing)*. EUA, 2000.

Novelas

CARNEIRO, João Emanuel. *A Favorita*. Rede Globo, 2008.

CARRASCO, Walcyr. *Caras & Bocas*. Rede Globo, 2009.

MALTAROLLI, Andréa. *Beleza Pura*. Rede Globo, 2008.

SILVA, Aguinaldo. *Duas Caras*. Rede Globo, 2007-2008.

Blogs

Quero um Amigo Gay <http://queroumamigogay.blogspot.com>

Meu Melhor Amigo Gay <http://mtv.uol.com.br/meu melhoramigogay/blog>

Sites

NUNAN, Adriana. <www.adriananunan.com>

Cultureba <http://cultureba.com.br>

LUCAS, Thiago. Coluna Meu melhor amigo gay. *Pimenta Chic*. Disponível em: <http://pimentachic.com.br/melhor_amigo.html>. Acesso em: out. 2009.

Minha Série <www.minhaserie.com.br>

Rede 21 <www.rede21.com.br/will-grace.asp>

Wikipedia <http://wikipedia.org>

MATRIX